自民党の底力

日本政策アカデミー
「シンクタンク2005・日本」
非公開セミナー講演集

小泉純一郎
中川秀直
武部 勤
舛添要一
石破 茂
谷垣禎一
中曽根康弘
森 喜朗
竹中平蔵
津島雄二
丹羽雄哉

SEIKO SHOBO

自民党の底力

発刊によせて

今般、「シンクタンク2005・日本」は、自由民主党の協力のもと、「日本政策アカデミー」を、昨年（平成一八年）九月四日に開校いたしました。

第一回目の講師は、小泉純一郎自民党総裁（総理）と現在は幹事長の中川秀直政調会長でした。その後、中曽根康弘元総理、森喜朗元総理をはじめ、津島雄二自民党税制調査会長、丹羽雄哉総務会長、竹中平蔵前総務大臣など多彩な講師による講演が行なわれました。

今回は、第一回〜第一〇回までの「日本政策アカデミー」での講義録をまとめて、『自民党の底力（第一集）』として出版いたしました。

「日本政策アカデミー」の講演は非公開で行なわれるため、講師は本音で話をされます。そのため、後で本として読み返してみても非常に面白く、生きた政治を学ぶうえで大いに参考になります。

「日本政策アカデミー」は、経済界・企業家等の皆様から「政権政党・自民党との政策提言・意見交換の場を設置してほしい」との強い要望を受けて実現したものです。

「日本政策アカデミー」では、日本の政治のトップを担う閣僚や自民党役員などによるセミナーを通じ、政策提言・意見交換の場を提供します。参加者は、政治・経済の貴重な情報を直接聞くことができ、かつ、企業等が抱える問題点なども直接質問することもでき、政府・自民党へ具体的な政策要望をする機会を得ることにもなります。

参加者からは、

「テレビ、雑誌などでしか拝見できない高名な方のお話を直接聞けて、大変ありがたい」

「身近に本音ベースの話をお聞きできる機会に参加させていただき、大変勉強になる」

「豪華なキャストの講演に満足している」

「おもしろいし、勉強になるし、仕事に役立つ」

「講演者の素晴らしい人柄にもじかに接することができる」

「今後とも、通常の講演会とは違った、『本音トーク』を期待する」

といった声が聞かれます。

「日本政策アカデミー」は、お陰さまで、参加者も目標の一〇〇名ほどになりました。

参加者からいただいた参加費の収益金は、「シンクタンク２００５・日本」の様々な活動を行なううえでの貴重な原資として活用いたします。

そして、「シンクタンク２００５・日本」の産官学の各種研究プロジェクトに充て、自民党の政策立案に役立てます。

さらに、将来は、「日本政策アカデミー」をクラスター（ぶどうの房）型のように大きく発展させていくことも考えています。

なお、平成一九年九月からは、第二回「日本政策アカデミー」が開催されます。


自民党は、立党の精神である「政治は国民のもの」をモットーに、国民の期待に応えるべく、政治を行なってまいります。

終わりに、本書の刊行にあたってご尽力いただきました関係各位に感謝を申しあげます。

平成一九年五月

「日本政策アカデミー」事業統括委員会

委員長・衆議院議員　杉浦正健
委員長代理・衆議院議員　棚橋泰文
副委員長・衆議院議員　渡海紀三朗
同　同　岩屋　毅
同　同　小島敏男
同　同　下村博文
同　同　伊藤信太郎
同　同　石崎　岳
同　同　石田真敏
同　同　近藤基彦
同　同　奥野信亮
同　参議院議員　岩城光英
同　同　世耕弘成
同　同　森元恒雄

装幀＝フロッグキングスタジオ

もくじ

武部 勤「小泉内閣の総括」

舛添要一「安倍内閣の課題」

中曽根康弘「これからの日本の行方」

森 喜朗「新政権下の政局展望」

本文中の講師、登場人物の役職名、肩書きは講演時のものです。

脱・官僚主導時代のシンクタンク

小泉純一郎

シンクタンク２００５・日本「日本政策アカデミー」第一回講演（二〇〇六年九月四日）

講師＝小泉純一郎（内閣総理大臣・自民党総裁・衆議院議員）

政策と選挙の関係

今日は「シンクタンク２００５・日本」の「日本政策アカデミー」初会合にご参加いただきありがとうございます。

先ほどお話がありましたように、今までは「官僚の考え方を、政策的にどう実現していくか」、その中心を政権政党である自民党が担ってきたわけです。

役所は各業界、各団体、各地域のさまざまな仕事を所管していますから、それらの声を吸い上げる。そして政党は「国民は今、何を望んでいるのか」ということを察知して、その声を吸い上げる。そしてこれらの声を、実際の政策として練り上げて法案化し、政権政党たる自民党が中心となって成立させる。でも、一地域の利益が、他の地域の利益になるかと言えば、そうではない。これが今までのパターンでした。

政党の命は政策であることは言うまでもありません。しかし同時に、選挙で国民の支持を得ないと政権を獲得することはできません。

つまり選挙に勝つために、各業界、各団体、各地域の支援を得るための政策を考えるとともに、それに相反する意見を持つ人々の支援を、どう得るかということも考える必要がある。

それを調整するのは大変ですね。「皆さんの意見を聞き入れます」と言っても、すべての意見を聞き入れることは難しい。

役所主導時代の終わり

国民全体の利益のために、それをいかに新しい時代に対応するための政策として取り入れるか。それは役所主導だと適《かな》いません。

その一番いい例が郵政民営化です。

郵政民営化は、全政党が反対していた政策でした。役所主導では、出てくるはずもない政策だったんです。郵政省は公務員としての身分を失いたくない。当時の大蔵省、今の財務省は、郵貯や簡保の資金を財政投融資と称して特殊法人に流し、天下り先をつくる。公務員の身分をなくして、資金を配分する権限を手放すなんて、役所の発想からは出てくるはずがない。

政党も同じです。与党は全国特定郵便局長会、野党は労働組合からの支持を得ている。そのため郵政民営化は、これら支持してもらっている組織に言えるはずもない政策だったんです。

私が郵政民営化を掲げたときに「変人」と言われました。「自分の組織を壊《こわ》すような、公務員が嫌がるような政策をなぜ掲げるのか」と。

だから実現するはずもない。

私が首相になったとき、外国の方が「日本は民主主義国家でしょ。全政党が反対する郵政民営化を実現しようなんて無理だ」と言っていました。それは当然だと思います。その意見は、ある意味では正しかった。なぜなら、一度、郵政民営化関連法案が参議院で否決されたから。そこで私は衆議院を解散した。

これが面白いことに、総選挙で国民の大多数が郵政民営化を支持した。その結果、反対していた参議院の人たちは、みんな（賛成に）ひっくり返った。

参議院で反対した人たちは、「衆議院は解散しても、参議院は変わらない。何度でも否決してやる」と言ったんですよ。ところが総選挙が終わって成立した。これは「政界の奇跡」、滅多にありません。

役所は自分の役所を一番に考える。それは当然です。業界団体もそう。自分の組織を一番に考える。

与党というのは、すべての人たちの意見や要望に応えることはできない。それは政権を担っているからです。「国民全体の利益は、どうあるべきか」を考えるのが政権政党の役割なんです。

実際の政治は理論だけでは進みません。「理論に特化した人だけ、優秀な人だけを集めよう」と言っても選挙となれば、そうはいかない。もしそうなら学者ばかりが当選してくるはずです。そうじゃないのが選挙。候補者の人柄、人間性が加味されるのが選挙です。理論通りにはいかないんです。

これらを集約していくのが政治なのです。

二大政党制時代のシンクタンクの役割

そういう中で、「国民全体の利益のために何が大切か」ということを考える研究機関「シンクタンク２００５・日本」が出来たことは、大変素晴らしいことだと思います。特にこれから二大政党制になりますと、与党も野党も政策内容が近くなります。小選挙区制の先進国と言われる国の政党は、政権を取るために、自分たちの支持組織の意見だけを聞くのではなく、議会の過半数を取るために、政党の組織に入っていない無党派層の支持をどうやって集めるかを常に考えています。だから「自民党の支持層だけを固めればいい」というわけではない。それこそ民主党的な考え方も取り入れて、民主党の支持組織の意見も取り入れる。それは民主党も同じ。政権を取ろうとするなら、自民党的な考え方も取り入れる必要がある。

そうなると、自民党と民主党の違いがだんだんなくなってきます。しかし、そういう時代になってきたんです。

　これから、そういう時代に対応するために「自民党の組織をどう固めていくか」「自民党の支持層をどう拡大するか」「その人たちの意見をどう政策の中に取り入れるか」を考えなければならない。

　政治指導者であれば、これらのどれを優先的にするかは人それぞれでしょう。

　シンクタンクの研究員は、外交でも内政でも、自分の専門分野が一番大切。ところが総合的に見ると、人によって優先順位が異なる。選挙では、すべての分野についての政策を主張するなんてできっこない。時間もない。短い時間で国民に伝えるために、どう優先順位をつけるか。言えることは、一つか二つ。その判断材料を提供するのがシンクタンクの大きな役割だと思いますね。

　皆さんが「自民党を支持しよう」「自民党を応援しよう」「日本がよくなるためには自民党じゃなきゃダメだ」「自民党に自分たちの意見を取り入れてもらって、それを法律にしてもらおう」と。

　そういう方々の声を吸収しながら、「国民全体の利益のために何が大切か」ということを考えるうえで、シンクタンクというのは極めて重要だと思います。

　今日ご参加いただいた皆さまにお礼を申し上げます。

　改革に終わりはありません。どんな時代でも改革を進めようとしますと、「現状維持がいい」という勢力が出てくるのは、どの国でも同じです。

これを乗り越えていかなければならない時代になりましたので、どうかこのことをご理解いただきまして、自民党を温かくご指導いただければと思います。

改めて、重ねて感謝申し上げます。

自民党の政策について

中川秀直

シンクタンク２００５・日本「日本政策アカデミー」第一回講演（二〇〇六年九月四日）

講師＝中川秀直（自民党政務調査会長・衆議院議員）

「シンクタンク2005・日本」の存在意義

皆さまには大変お忙しいなかお越しいただき、また、貴重なお時間を頂戴しましてありがとうございます。私も日本政策アカデミーの関係者の一人でございますが、皆さまに衷心よりお礼申し上げます。

私もこれまでアメリカの複数のシンクタンクの方々と議論をさせていただきましたが、日本も成熟した先進国家としてシンクタンクが、こうした、まさにインディペンデントな形でさらに発展していくことは非常に重要であると考えております。「シンクタンク2005・日本」の最初の起点は自民党であります。その事業として「日本政策アカデミー」を開催させていただきました。

自民党系のシンクタンクをつくるというのは、安倍（晋三）自民党改革実行本部長の時代から言われておりましたので、ようやくこうして事業の開催に至ったわけでございます。既に（二〇〇六年）三月には、有限責任中間法人という法人格を取りました。

総裁候補者それぞれいろんなお考えがございますが、シンクタンクの重要性については共通していると思います。言い出しっぺの安倍さんが先日発表した「政権構想」

でも「シンクタンク機能活用で独自政策の立案」ということを明記されております。官僚内閣制の行き詰まりというものは、私たち政策を担当している者も感じるのでございます。

今後、誰がポスト小泉の座を占めるにせよ、「シンクタンク2005・日本」が独自に政策を提言する。また、単に提言をするだけではなく実践する。そんなパワフルなシンクタンクにならなければいけないと思います。

格差解消のためにも経済成長が必要

私は政調会長としてこれまで、「すべての問題を解決していくためには『日本経済成長会長』でなくてはならない」と申し上げてきました。「政調」と「成長」は字も意味も違いますが、そう言ってきました。

日本は「成長国家」を目指さなければならない。単なる評論としての悲観主義ではなくて、意思としての楽観主義を持って、成長路線を進まなければならない。格差問題を乗り越えていくためにもそうですし、今後の社会保障制度を維持していくためにもそうです。

実は、この理論のバックボーンとなったのは「シンクタンク2005・日本」のパイロット・プロジェクトであったわけでございます。ノーベル経済学賞を受賞したペンシルバニア大学のローレンス・クライン名誉教授にもご参加いただきました。そしてこのプロジェクトの結論として、「日本経済には実質三%成長の実力がある」ということを実証していただきました。

これは、官庁にあるモデルからは決して出てこない結論であります。この考え方が「骨太の方針」のいわば車の両輪の一方となり、「経済成長戦略大綱」や「歳出・歳入一体改革」の全体像にそのまま反映することができたわけでございます。

政治主導の政策決定がこれからできるかどうかは、「官僚機構からは出てこない、専門的な裏付けのある発想をどれだけ持てるか」に懸かっていると思います。与党が霞ヶ関を「最大のシンクタンク」であるとして、他からのアイディア、分析を求めない態度は、もう許されない。日本が二度と「失われた一〇年」と言われないようにするためにも、霞ヶ関以外からも新しいアイディア、分析を求めるという姿勢を持つことが大切だと思います。

自民党は、責任政党として、政権政党として、この意義を強く意識しなければならない時代に入りましたし、政調会も、あるときは政府と改革競争をしてでも、そうしたことを目指していかなくてはならない。まさに民主政治の政策意思決定機関でありますから、官僚以外からも複数のアイディアを提供してもらって、そのなかで議論をし、吟味し、党政調会が決断をしていく。そのことこそが、新しい政策決定のプロセス、それが党改革の実践にもなると思います。

今日はこうしたことを踏まえ、「なぜ日本は成長国家でなければならないのか」「目指すべき成長国家とは何か」ということについてお話ししたいと思います。

格差問題の解決はまず経済成長から

格差問題でよく、「弱肉強食社会にするな」という意見が聞かれます。弱者の犠牲の上に、強者が栄える社会、それは確かに日本人が最も嫌う社会かもしれません。しかし、そこに付け込んで、民主党は「格差ゼロ社会」ということを主張しております。「格差ゼロ社会」の名の下に、「強肉弱食社会」と申しますか、「努力をしないでも所得のある人たちから強制的に収奪をして分配すればいい」「全く努力していない人にも与えよ」という強肉弱食社会になったら、行き着くところは共産主義社会であると思います。

ある報道で、一ヵ月ずつ、いろいろな国で居住している日本人がいることを知りました。強肉弱食社会をつくったら、日本に富をもたらしてくれる人たち、努力する人たちは国外に出て行ってしまうのではないでしょうか。

弱肉強食社会を防ぐためにも、やはり必要なのは経済成長だと思います。経済成長すれば、分配する富は増えます。

日本の戦後の税制をつくり、ＧＨＱ（連合国軍最高司令官総司令部）の経済顧問を務めたジョセフ・Ｍ・ドッジは、一九四九年に出した声明のなかで「富はまず創造することがなければ分配することができない」と申しました。その言葉から戦後の新たな経済システムの創造が始まった。それが高度経済成長に繋がったと思います。

まさに経済成長によって、弱者も強者も共に豊かになる条件が整うのでございます。逆にゼロ成長、マイナス成長の下では、新卒者が就職しようと思えば、現役世代の誰かが、雇用の場から退席しなければならないことになります。

今、ニート、フリーターの数が増えています。特に二五歳から三四歳までの層に偏っているわけでございますが、まさにゼロ成長、マイナス成長のなかで起きた新たな格差問題であったと思います。逆に、ゼロ成長、マイナス成長の下で現役世代の雇用を守ろうとすると、そうなるわけです。新卒者の就労が困難になる。

ニート、フリーター化を、年配の方々にはぜひ、「ゼロ成長、マイナス成長の下で自らの正規雇用が維持されていることは、逆に若者の非正規雇用を生んでいるかもしれない」ということを考えていただかなくてはならないと思うわけでございます。

まさにゼロ成長、マイナス成長は、同じ家族でも新卒者の子供とその親が、お互いの雇用を脅かし合う関係になる原因であるということを、私たちは銘記しなくてはいけないと感じます。

私は過日の衆議院予算委員会の冒頭で、「格差問題の解決は唯一、経済成長しかないんだ」ということを声高に主張しました。

昨年（二〇〇五年）の一〇月末に政調会長に就任して以来、私は自ら「日本経済成長会長」を名乗り、意思としての楽観主義を唱え、「名目成長率四％は日本でも可能だ」と申し上げてきましたのも、そういう意味でございます。

ご案内の通り、日本の国内総生産は約五〇〇兆円でございますが、四％の成長というのは一年に二〇兆円増えるということになります。

「骨太の方針」は大きな政策の柱

今度の「骨太の方針」も、名目成長率三％で計算をして、比較的手堅く見積もりながらシミュレーションし、歳出は九割から七割、歳入は一割から三割という案を決定して、それを生かしましたが、仮に私の言う四％でいきますと、一年で二〇兆円、五年で一〇〇兆円の国内総生産が生まれるわけでございます。

日本全体で一〇〇兆円の新たな富が生じてくるわけですから、その経済成長の恩恵は間違いなく全国津々浦々に行き渡るわけでございます。

そして企業はリストラをしなくても、新卒者の雇用が拡大できる。保険料などの税負担をする現役世代、年金などの給付を受けるリタイア世代との対立も緩和できるわけです。

現在、いわゆる潜在的国民負担率は、過去の債務を入れますと四〇％を超えますが、それを入れない国民負担率は、国民所得に占める社会保障費と税の負担割合は約四割でございます。国内総生産が一〇〇兆円増えれば、潜在的ではない正規の国民負担率も四〇兆円が、新たに社会保障などに使えるようになるわけでございます。

では、名目成長率四％を、どう実現していくのか。

名目成長率とは、ご案内の通り、日本経済の実力にあたる実質成長率と物価上昇率を足したものでございます。

そこで二つの大きな政策の柱が必要になってくるわけです。

第一の柱は、実質成長率三％を目指しまして、労働力要因と資本要因と技術革新の三つに対応する経済政策を打ち出すということでございます。この経済政策は、潮の満ち引きにあたる景気循環に対応するものではなくて、本来の水位の高さ、そういうものを高めていくものでございます。

第二の柱は物価上昇率について、政府と日本銀行が一体となって、円滑になる枠組みを導入することではないかと思います。インフレになりそうな場合、早期に対応するための効果的なものであるだけではなく、デフレに戻さないためにも政策手段として有効であると考えるわけでございます。

このうち実質成長率は、労働人口増加率と生産性上昇率に行き着くわけでございますが、確かに労働人口増加率については、日本は人口減少社会に入ります。しかし、その分を上回る生産性を上げることが、成長戦略の基本になるはずでございます。

「その前に、そもそもの出生率を上げるべきではないか」という意見があるかもしれません。二〇〇六年に入りまして五、六ヵ月で出生数が、前年に比べまして九〇〇〇人増えた。あるいは結婚組数も一万一〇〇〇組増えているという報告もあります。しかし、それは一時的な現象で終わる可能性もあるでしょう。働き方と家庭生活のバランスを整え、命の流れの継承、発展というものに目を向けてもらう施策も必要だと思います。

そういう意味で、出生率を上げることも大切でございますけれども、経済政策の観点からは、出生率を上げる政策を打ち上げたとしても、この世代が、本格的に生産の担い手となるためには、あと二〇年待たなくてはならない。

もちろん、女性、リタイア世代、外国人の雇用を拡大することも重要であります。人口減少社会で経済成長を高める政策の基本は、やはり生産性を向上させることであると考えております。まず日本経済では実質成長率三%のために、どれくらいの生産性向上が必要なのかを考えなければなりません。

日本の人口は今後、年率〇・三%から〇・五%の幅で減少していきます。一五歳から六四歳の生産人口は〇・七%から〇・九%、約一%の範囲内で減少すると予測されております。この人口動態の推移は、経済成長を最大で〇・九%引き下げる要因になると専門家は分析しております。

実質成長率三%を達成するには、どう考えても年率三・五%から四%の生産性の上昇が必要でございます。

日本には強い潜在成長力がある

先ほど申し上げました「シンクタンク2005・日本」のパイロット・プロジェクトの研究成果によりますと、「失われた一〇年」においても、日本では、年率二・五%程度の生産性上昇があったと実証されております。

この構造的要因の生産性上昇は、日本経済が有する基礎力と言ってもよいと思います。この年率二・五%程度の生産性上昇を基礎力として、さらに一%から一・五%、生産性を上昇させれば、実質成長率三%となるわけでございます。

日本のように経済が成熟したなかで、そのような生産性の上昇は可能なのでしょうか。私たちは、いろいろと議論し、パイロット・プロジェクトにおいてシミュレーションし、「可能である」という結論に達しました。

同じように経済が成熟したアメリカでは、一九九〇年代、インダストリアル・エイジ（Industrial Age 工業の時代）からインフォメーション・エイジ（Information Age 情報の時代）への転換が行なわれた結果、一九九五年以降、生産性の上昇率が年率一・五％から三・一％と、一・六ポイントも上昇したわけでございます。これは情報革命の恩恵であったわけでございます。

アメリカの連邦準備制度理事会議長を務めた経済学者のアラン・グリーンスパンは、このことを「一〇〇年に一度起きるかどうかの変化である」と言いました。その意味でグリーンスパンはニューエコノミーというものに理解を示して、二〇年近い連邦準備制度理事会議長在任期間の三分の二は金融政策に費やしたわけでございます。それがアメリカの成功をもたらしたと言われております。

今、石炭、蒸気を中心とする第一次産業革命、石油、モーター、重化学工業という第二次産業革命、それを超える第三次産業革命、それはまさに情報革命であり、その渦中にいると思います。

日本もこの情報革命の波に乗れば、アメリカ並みに、再び生産性を上げることができると考えるわけでございます。

下村治氏の「日本経済は美しい白鳥」

こういうお話をいたしますと、いささか昔のことを思い出すわけでございますが、確か、高度経済成長が始まる前、経済成長率五%を唱えましたら、当時のエコノミストらは、「そんなことできるわけない」と言われました。ところが、そういう議論をしている最中の経済成長率は、なんと一六%だった。そのことが後でわかったわけでございます。

あのとき、経済学者の下村(治)博士は『日本経済は成長する』という著作の中で、日本経済が今にも破局するようなことを予言する人々を見て、「アンデルセンの『醜いアヒルの子』を思い出す」と言いました。つまり、そういうことを主張する人々は、「日本経済をアヒルかアヒルの子と思っている」と。しかし、「実際の日本経済は美しい白鳥となる特徴をいくつも備えている」と言われたわけでございます。

私は、欧米に比べて日本は情報革命において一周遅れているのではないかと思います。今後一〇年で、日本は情報革命の転換を図ることで、先ほど申し上げました年率二・五%程度の基礎力に、一%から一・五%の生産性上昇を加えることができるならば、必ず実質成長率三％になるのでございます。

生産性上昇は、経済の規模、産業構造の変化、生産設備の新鋭化、規制改革、新技術、教育の向上によりますけれども、キーワードは「知識経済」ではないかと思います。この知識経済のなかでも一番大切なのは、やはり教育ではないかと考えます。

これからは「知識共有化経済」が重要

日本と同じように、二一世紀に入り、経済成長のための戦略を推進している欧州連合では、既に経済競争力強化を目指した「リスボン戦略」というものをまとめておりますが、「このまま行くと、二・五％くらいに減速するかもしれない。やはり四％を目指さなければいけない」ということで、この「リスボン戦略」の見直し作業をしております。

そのなかで、勝者になるためには知識経済を築く以外に方法はないと言っております。私は、情報の共有が新しい時代のキーワードであること、日本は情報の共有が組織内に限定される点が弊害になると思います。その意味では知識経済というより、「知識共有化経済」でなければならないと思います。

では今、日本は何をなすべきか。既にアメリカのブッシュ大統領は、今年の一般教書演説で、中国、インドとの競争を意識しまして、「アメリカ競争力構想」の名の下に、数学と科学教育の重視を打ち出しまして、今後一〇年間で一三七〇億ドルを使うことを言っております。

このことは、単に教育がイノベーションに重要ということだけを意味しているのではなくて、教育が対外戦略になっていることを意味していると思います。このように、外交と内政を分離した考え方が、もはや意味をなさなくなっているわけです。

今、青少年の非行が頻発しておりますので、「健全な青少年の育成が必要だ」という声が聞かれます。しかし、それだけではなくて、「教育は、世界の中で日本が負け組にならないための対外戦略でもある」という時代になっていることも、私たちは考える必要があると思います。

ただし、教育予算の増額は、公立学校教員の三〇〇〇万円もの退職金に使われてはならないのであります。北は稚内から南は石垣島まで、公立学校教員の退職金は、平均すると全く同額で三〇〇〇万円でございます。民間企業でこれだけの退職金を出す会社がどれだけあるでしょうか。教育予算は子供のために使うものです。つまり、日本の未来のための投資であり、公立学校教員の高給や身分保障のために使うものではありません。

その意味では、ポスト小泉政権が進める、個人に対する教育訓練のためのバウチャー制度、直ちに導入するというのは難しいかもしれませんが、方法はいくらでもあります。

これが知識経済化時代の施策として、その拡大の方向を模索し、そういう政策をつくることが期待されていると思います。

政府の仕事はイノベーションの邪魔をしないこと

さらに、日本経済が生産性を上げていくためには「新結合」、かつてオーストリアの経済学者であるヨーゼフ・シュンペーターが、「イノベーションは新結合により齎《もたら》される」と唱えました。

今、情報化時代に入りまして、オープンなネットワーク環境と、デジタル技術の普及によりまして、この新結合が、かなり容易になってきました。

日本経団連（日本経済団体連合会）の御手洗（冨士夫）会長は、「イノベート日本」ということを掲げておりますが、まさに世界的な新結合によって、イノベーションの時代に入っていることは間違いないのであります。

しかし、この新結合は、政府の誘導でできるものではありません。企業家が自由に行なうものだと思います。

政府の最大の仕事は、この新結合、イノベーションの一番大切な部分の邪魔をしないということだと考えます。

通信と放送を分離していた壁は、少なくとも技術的には消滅しつつあるのはご案内の通りです。放送や通信産業における既存の規制の多くは、技術体系が今とは全く異なる時代に制定されているものでございます。放送法、電気通信法、著作権法、その他の法律の見直しを技術体系の変化に則して行なうことが求められていると思います。情報ネットワークに関連した規制や監督に携わっている複数の官庁の権限も、すっきりと一元化していくことも有益であると考えます。

自動車産業や家電産業は、今でも競争力を維持しております。アニメーションやテレビ番組などの日本のコンテンツ産業も海外、とりわけ東南アジアにおいて人気を博している。この前、日本のアニメに憧れたフランス人の少女が日本を目指して旅に出たところ、ビザの存在を知らないがためにポーランドで捕まったというニュースがありましたが、そんなことまで起こっているわけです。

この通信産業とこれらのコンテンツ産業が新結合することで、この巨大な世界市場において、日本企業が大きな地位に立つ可能性も高いと思います。

日本が情報革命に乗り遅れた理由の一つに、欧米と異なりまして、日本ではタイプライター文化に馴染みがないということが挙げられます。私も、あのパソコンのキーボードは、どうしても馴染めません。携帯電話のメールについては、私よりも年上の方でも使っております。

　パソコンの時代から、脱・パソコンの時代に向かうことは周知の通りでございます。テレビがパソコンとなり、携帯電話がテレビとパソコンになる。そういう時代になっていくわけです。そのなかに私は日本にとってチャンスが隠れていると思います。「シンクタンク２００５・日本」のパイロット・プロジェクトでも、今後の脱パソコン時代に関する分析をしておりまして、日本の強い製造業を基に、大きなチャンスがやって来るとしております。例えば、テレビのＩＴ化、自動車のＩＴ化が進むというわけでございます。

　そして今後二〇年から三〇年後を展望すると、コンピューターは低価格化、超小型化し、あらゆる家電、私たちが身につけるメガネや時計やカバンに装着され、インターネットと結ばれることになるとしております。これはハードウェアの中に隠れてしまう技術ですから、旧来の日本の強みであるハードウェア指向技術との相性が非常によいのではないかという指摘もございました。なぜならば日本は、家電、自動車という世界に誇れる産業を抱えているからでございます。

　これらはいずれも誰もが簡単に使えます。テレビのＩＴ化、自動車のＩＴ化が進むことで、世界の庶民がＩＴの恩恵を受けることになろうかと思います。それは想像もつかない巨大産業になると考えます。

日本はもともと、一部の資産家や知識層が使っていたものを庶民にも使えるようにするのが得意でございます。

私たちは、情報革命の民主化を進めることに使命感を新たにすべきだと考えます。その崇高な使命感を、工場で働くすべての人々、協力企業や下請け企業の人々が共有する。それは高度経済成長期の「プロジェクトX」の世代の精神を継承することにもなる。それこそが日本経済の黄金期を呼び寄せることにもなると思います。

以上、大変大まかなお話になりましたが、私は小泉改革、自衛隊のイラク派遣に見られるように、やるべきことはやり、言うべきことは言う。まさに「自立国家」としての一歩を示した。アメリカ依存の終わりの始まりを示した。このように思います。

地方の自立と財政健全化について

次に「地方の自立」。国と地方の税財政改革、すなわち「三位一体改革」。僅か三兆円ではございますが、四兆円の補助金を削減して三兆円の税源委譲をする。明治維新以来の中央集権の終わりの始まりでございます。

それから「個人の自立」。一円創業・起業が可能になった。たった三年間で三万六〇〇〇社もできた。そのうち二八〇〇社は一円の企業を卒業して、資本金を大幅に増やした。まさに企業依存への終わりの始まりでございます。

したがって、これから私たちが目指すべきものは「成長国家」ではないかと思います。

最後に財政健全化についてですが、二〇一〇年代初頭のプライマリーバランス黒字化の実現を目指す。しかしこれには、私たち政調会にとって二つの宿題があるわけでございます。

その一つは、歳費の大きな部分を占める国家公務員及び地方公務員の給与や人員数、具体的に言うならば労働基本権の問題を含む公務員制度改革であります。

公立学校教員だけではありません。高校を卒業して一八歳で役所に入り、四〇年勤めた地方公務員と、私の地元の銀行の支店長を勤めた方では、地方公務員の退職金の方が一〇〇〇万円も多い。

この前財務省が発表した地方公務員と民間企業のサラリーマンの平均月収は、二一%も地方公務員の方が多い。北海道や九州では三〇%から四〇%の差がある。青森県で言えば、地方公務員の平均月収が三六万二〇〇〇円、民間企業のサラリーマンは二六万三〇〇〇円、福岡県も沖縄県も同じでございます。

人口減少社会において、この人件費でペイしていけるのか。答えはノーであります。

そのためには、どうしても公務員制度改革を実施し、税収が減った場合には、リストラもある、配置転換もある、給与引き下げもあるというようなスタイルにしていかなければいけない。

あるいは道州制によって、二重行政、三重行政というものを解消したならば、公務員の数も減ることになります。そういったことをしっかりと方向付けることで、消費税率も変わってくるわけでございます。

民主党政権では国民負担率が七〜八割になる

次なる参議院議員選挙で、こうしたことを掲げれば、日教組（日本教職員組合）、自治労（全日本自治団体労働組合）は反対します。それを受けて、国会であらゆる抵抗手段を取るのが民主党であります。

重税国家、役所天国というものを変えていく、少なくとも国民負担率は五割以下にする、これが私たち政権政党、保守政党としての最低限の自らに課せられた責務だと思います。

先日、民主党の菅（直人）代表代行と、日本経団連で討論したとき、国民負担率に関する質問をされても菅さんは明確に答えを出せないでいました。民主党が政権を取れば、直ちに七割、八割の国民負担率となるでしょう。

そういう国を選ぶのか、あるいは私たちが掲げる国民負担率が少ない「成長国家」を選ぶのか。

まさに次の参議院議員選挙は、そういった「体制選択選挙」であるということを皆さまにご認識いただき、私たち自民党、そして「シンクタンク2005・日本」に引き続きご協力を賜りたく、今日のお話を終わらせていただきます。

どうもありがとうございました。

小泉内閣の総括

武部　勤

シンクタンク２００５・日本「日本政策アカデミー」第二回講演（二〇〇六年九月一一日）

講師＝武部　勤（自民党幹事長・衆議院議員）

郵政解散総選挙の裏に何があったのか

皆さん、こんばんは。ご紹介いただきました自民党幹事長の武部勤でございます。幹事長の任期も残りわずかとなりましたので、私が幹事長としてこの場でお話しするのは最初で最後だと思います。その意味では、非常に素晴らしい機会をいただいたと感謝申し上げます。

今日は小泉内閣を振り返って、日本がどのように変わり、自民党がどのように変わり、そして今、自民党総裁選挙の最中ですが、次の内閣、次の時代は、どうあるべきか、どうしなければいけないのかということについて、つれづれなるままにお話ししたいと思います。私は真面目《まじめ》な話を一時間もする能力は持っておりませんし、皆さまも、むしろ硬い話より裏話の方を期待していると思います（笑）。

今、ちょうど報道陣が退席しましたので恐れる心配もありません（笑）。幹事長の任期も、もうすぐ終わりますし、今さら、失言、放言の類《たぐい》を恐れることもありません（笑）。ですから少し、思い切ってお話をさせていただきます。

先ほど、杉浦（正健）先生からお話がございましたが、私も本当に自民党は変わったと思います。この「日本政策アカデミー」も、自民党改革実行本部が中心となって企画されました。やはりこれからの政党というのは、理念や方針を明確に掲げて、国民に選択してもらう必要がある。しかも小選挙区制が導入されましたね。

これまで、選挙というのは政治家を選ぶものでした。私は小選挙区制には猛反対したんです。後で知ったのですが、実は小泉首相も猛反対したそうなんですね。

去年（二〇〇五年）の九月一一日……今日は九月一一日ですよね。去年の今日なんですね。去年の今日、総選挙の投票日だったわけでして、生涯忘れられない日となったわけでございます。

ご承知の通り、この総選挙は、郵政民営化が争点となりました。

そのため小泉首相は私に、「郵政民営化に賛成する改革派候補者を、全選挙区に立てよ」とご指示されました。

そこで二階（俊博）総務局長と私が候補者の選定に当たったのですが、八月八日に衆議院が解散して八月三〇日が公示ですから、二三日までに決めないと間に合わない。少なくとも公示の一週間前には、全選挙区に候補者を立てておかないと、準備ができないわけですからね。

ですから二三日までは、「どこで寝ていたのかなあ」というほど忙殺された日々でした。しかも造反した方の選挙区には、必ず対抗馬を立てなければならない。

実は、小泉首相と私は、六月頃から、「ぜひ多くの女性を国会に送ろう」という話をし、一一の比例ブロックに女性候補者を一人、女性枠として立てることを既に決めていました。

造反組の選挙区に、例えば私のような戦闘的な人間を送り込むというのは、見ている人はプロレスとかK－1を見ているように感じますからね（笑）。そこでできるだけ、そういう選挙区には女性をぶつけることにしたわけです。

そうしましたら、まず最初に小池百合子さんが東京一〇区の小林興起君の選挙区に行くと、手を挙げたわけです。

小池さんの素晴らしいところは、「私は女性枠では嫌だ。そんな優遇措置はいらない。これで負けたら政治家を辞める」と言ったことですね。第一号として手を挙げた小池さんの意気込み、これが今回の総選挙の大勝利に結び付いたのだと思います。

そんななか、自民党改革実行本部が「緊急に候補者を公募しよう」という提案をしました。候補者の擁立が難航していましたからね。すると、何と三日間で八六八名の応募があったんです。「これで十分勝てるぞ」と思いましたね。

北海道一〇区で出馬した飯島夕雁さん。彼女は東京都の青ヶ島村……。ようやく「青ヶ島」って言えるようになりましたね。当時は「鬼ヶ島、鬼ヶ島」と呼んじゃいましたけど（笑）。そこの教育長なんですね。人口一九八名の村。しかも公募で教育長になった方なんです。

最初、飯島さんが自民党本部に来られたとき、「この人、『マッチ売りの少女』みたいだなあ」と思いました。小泉首相は「『かぐや姫』だよ」と言っていましたけどね(笑)。そこで私がポケットマネーを出して、「明日、もう一度、頭から爪先までキレイにして来なさい」と言いましたら、翌日は何と「シンデレラ」になっていました(笑)。

最初は彼女を野田聖子さんの岐阜一区で立てようと思っていたんです。そうしましたら岐阜の国会議員が「この人じゃあ岐阜一区で戦えない」と言ったんですよ。誰が言ったかは申し上げませんけどね(笑)。

そんなこと言われたものですから、私は腹が決まって、「よし、それなら北海道に連れて行こう」となったわけです。それで岐阜一区には佐藤ゆかりさんを立てた。

そして、公募で選ばれた候補者については、私と二階さん、そして小泉首相と相談して、一気に発表するのではなくて、期間を空けながら「ポン」、またしばらくしたら「ポン」といったように、大事に発表して、つないでいきました。

小泉首相に「三日間で八六八名の応募がありました」と申し上げましたら、「こりゃあきっと、自民党が相当数の議席を獲るぞ」と言った。

そして比例名簿では、通常、純粋比例枠、つまり単独比例で名簿上位になる人と、小選挙区と比例区の両方に出馬する重複立候補者、そして、その下に載る単独比例で名簿下位の人がいるわけですが、なんと比例東京ブロックなんか全員当選しちゃいまして、一議席分、足らなくなった。

比例では八議席分を獲ったんですが、比例名簿に小選挙区当選者を除いて七名しか残っていなかった。そうしたら最後の一議席が社民党に行っちゃった。

小泉首相に謝りましたよ。

「幹事長として不覚を取りました。小泉首相が、『たくさん比例名簿に候補者を立てておけ』とおっしゃったのに、東京では一議席、社民党に行きました。心からお詫びします」と。

すると小泉首相は「いやいや別にいいんだ。一議席分はチップだ。チップをあげたと思え。しっかり当てはまったら、話題にならないし、歴史にも残らない。次の総選挙のときは気をつけよう」とおっしゃって、私を慰めてくれたんですね。

それでさらに小泉首相のことが大好きになりましたよ（笑）。

そんなエピソードもあったわけです。

「矢でも弾でも飛んで来い」の心境

そして郵政民営化関連法案が、その後すんなり成立したわけですが、この総選挙は、郵政民営化に賛成か反対かを単に問うだけが目的ではなかったんです。

「小泉内閣打倒」、つまり「倒閣運動」だったんです。

「絶対に衆議院解散はできない。小泉内閣はこれで終わりだ」といったようなことを亀井（静香）さんはおっしゃった。

その言葉に乗っかって、自民党の実力者なども造反したんです。

衆議院では五票差で可決しましたが、参議院では一八票差で否決された。

倒閣運動なんですから、衆議院を解散するなんて当然のことなんですよ。小泉首相が、そのような倒閣運動に対してひるむわけがないじゃないですか。

亀井さんが自民党総務会で私に言いましたよ。

「武部君、君は何回造反しているのかね」と。

実は私も何回か造反しているんですよね（笑）。

村山（富市）さんの首班指名のときも、「自衛隊は憲法違反と主張する政党のトップを首相にするなんてできない」と造反しました。

それから「加藤の乱」のときもそうですよ。毎日、山崎派の若い連中を連れ出して「俺たちは一致団結しよう。『馬糞の川流れ』になったら終わりだぞ」と言い続け、森（喜朗）内閣不信任決議案採決に欠席した。

その後、森派会長だった小泉さんが首相になり、小泉内閣が発足しまして、予期せぬ農林水産大臣に抜擢された。

造反した男を大臣にするなんて非常識極まりないですよね（笑）。

そしてＢＳＥ（牛海綿状脳症）問題に直面するわけです。

ＢＳＥで全頭検査、全箱検査をやった。これは大変なことですよ。

農林水産省も厚生労働省も、最初は「できない。無理だ」と言ったんですよ。それでも私は、「世界一密度の高い検査をやる」と決めました。「したがって全箱検査をやりますよ」と。すると役人は、今まで現地に行って検査していたんですが、大臣が「全頭検査、全箱検査をやる」と言っちゃったものですから、一ヵ所に全国の肉を集めてやることにしたんです。

ところが、そんななか、ＢＳＥ問題に関する調査検討委員会が「農林水産省の大失政」という報告書を出したものですから、「このまま農林水産省のトップに居座るわけにはいかないので、辞めさせてもらいます」と小泉首相に言ったんです。

そうしましたら「辞めたきゃ、いつでも辞めさせてやる。だけど辞める前に問題を解決しろよ」と、震え上がるぐらい厳しい顔でおっしゃった。

そこで「よし、やってやる」という気持ちになりまして、「矢でも弾《たま》でも飛んで来い」という意気込みでやったものですから、何とか乗り切ることができたわけです。

すると小泉首相はその後、山崎（拓）先生に電話をされまして、「武部改革の狼煙《のろし》を今度は自民党で上げさせてくれ」とおっしゃってくださったものですから、山崎先生はお困りになりまして、麻生（太郎）政務調査会長とお二人で会われて、「総合農政調査会長にでもするかな」とお話しされたんですね。

それを聞いた私は「それはできません。堀之内（久男）先生が生きがいを持ってやっておられるので、私は政務調査会の副会長にでもしていただければ結構ですから」と言いました。

そして閣僚経験者ということで筆頭副会長になったわけです。

こうして筆頭副会長の当て職として、政権公約、いわゆる「マニフェスト」づくりの担当が転がり込んできたわけです。

イギリスの例なども一生懸命に勉強しました。「これは絶対に役人には教えられない。族議員、族議員と言うけれど、その族議員は鵜飼いの鵜で、鵜匠は役人だ。そして役人の言いなりになっているのが、かつての自民党だ」と。

だから郵政民営化に反対していた連中は、まさにその類だったんですよ。

今は変わりましたよ。当時の話ですからね（笑）。

そしてマニフェストをつくるのに、七回、小泉首相を訪ねました。農林水産大臣時代に小泉首相と一番長くお話しした時間はせいぜい一五分程度でしたが、このときは一回に、長くて一時間、短くて三〇分もお話ししました。

そういうなかで、徐々に小泉首相の感性や考え方を理解できるようになりました。「この人はすごい人だなあ」と思いましたね。

このマニフェスト策定において、私は「これはフルモデルチェンジだ」と感じました。すなわち、「政府そのものの役割を小さくする」、それから「官僚主導から政治主導にする」ということです。

民間には力がある

「政府そのものの役割を小さくする」とはどういうことかと申しますと、「地方でできることは地方で」「民間でできることは民間で」という発想です。

そして「官僚主導から政治主導にする」というのは、行政の役割を「事前規制型から事後チェック型に」ということですね。

それまでの行政というのは、明治以来、官僚主導で民間を支えてきた。ところが今は、官僚が民間の邪魔をしているんですね。従来は、官僚が民間に対して、規制を設けて指導し、問題を起こさないようにチェックしてきました。でも今や民間には力がありますからね。できるだけ規制を撤廃して、個人の創意工夫を生かした「自律型経済社会」にしなければいけない。

よく「規制緩和」という言葉を耳にしますが、私は「規制撤廃」でいいと思うんですよ。

この前、市場化テスト法という法律ができましたね。具体的には、特定の分野に限って、「官」と「民」が対等な立場で競争入札に参加するという内容になっていますが、私は、あらゆるものを「官」と「民」が競争入札すればいいと思うんですよ。「民」が獲ったら、その分野に関係する役人はいらなくなるわけですからね。そうなると人も組織もいらなくなる。

官僚というのは法律の番人ですよ。ですから「法律廃止検討委員会」をつくることもマニフェストに盛り込みました。

これは、今ある法律をすべて見直す機関を自民党に設けようというものですよ。法律があるから、それを躍起《やっき》になって守ろうとする官僚がいる。古くなった、いらない法律がいっぱいあるんですよ。

まあ、法律がなくなったら弁護士や法律家は困っちゃいますがね(笑)。

そういうことで、小泉内閣は、民間の力を引き出し、財政の健全化に向けても、平成一八年度の予算は、国債発行額三〇兆円を下回る水準にする、公債依存率も三〇%以下に抑えた。不良債権の処理なんて二七兆円あった。しかし今、五兆円を割っている。そして成長軌道に乗っているわけですよ。

もちろんここまで来たのは小泉内閣のお陰、自民党のお陰だけではないんですよ。民間の自主努力があってこそ、こうなったんですね。

「改革、加速。後退は許さない」という自民党のパンフレットがございます。「役人が本気で恐れた国会！」と書いてあります。これは第一六四回通常国会の報告です。

ここで「抵抗勢力の野望を打ち砕く、行革決戦国会」とありまして、ここに「国民が努力に努力を重ねて、血のにじむ思いで頑張って勝ち取った景気回復を、絶対に後戻りさせてはならない」。その決心のもと、私たち自由民主党は、非効率の根源であった行政の構造改革を推し進めました。

郵政民営化は、そのプロローグでした。

「徹底的に行政を簡素化し、国民の邪魔にならない、真に国民のためになる政府を、本気でつくります。その次のステップこそが『行政改革推進法』。役人が本気で恐れた国会。それは、真に国民のための国会でありました」と書かれています。

まさに国民の皆さんの努力によって景気回復が成し遂げられたんですよ。

不良債権処理は二年間で終わり、有効求人倍率も一三年ぶりに一倍を超えた。失業率も五・一％から四％そこそこまで来ました。財政健全化も進みました。

それから行政の役割の転換。耐震構造偽装事件とかホリエモン事件だとかがありましたが、建築基準法を大幅に変えて厳しくし、金融商品取引法、消費者保護基本法もつくりました。

ですから先ほど申し上げたように、行政の重点は「事前規制型から事後チェック型に」ということになっているんですよ。

それから今怖いのは、「格差、格差」ということを声高に叫ぶ勢力があることです。これはまさに小泉内閣発足前の「失われた一〇年」の後遺症、企業のリストラ、ニートやフリーターの増加ですね。これを解消できるのが小泉構造改革だと私は思います。それが最近の雇用情勢の改善や所得の向上にもつながっているんですからね。

もう一つは少子高齢化。国民年金について保険料をどれだけ納めたか。国民年金、共済年金、厚生年金とかがあります。国民の負担をできるだけ抑えることが小泉内閣の柱の一つですから、私たちは、あと三年後には基礎年金の国庫負担割合をこれまでの三分の一から二分の一にする。半分は国庫で負担しようと。そういう法律も国会で通しているわけであります。

そういったこともやったということをご理解いただきたいと思います。

自民党と民主党の違いは

先般、麻生(太郎)さんが、いいことを言いました。

「働く人と働かない人、努力する人と努力しない人がいる。だから格差はなくならない」と。

その通りだと思いますよ。

資産の違いなんかはっきりしている。

例えば民主党幹事長の鳩山（由紀夫）さん。民主党と聞くと、まるで労働者のための政党であるかのように思われるでしょうが、鳩山さんなんか、「鳩山会館」、いわゆる「音羽御殿」で、小沢（一郎）さんや菅（直人）さんたちを呼んで、花見酒を振舞っているじゃないですか（笑）。あれは恐らく鳩山さんの所有物ですよね。鳩山さんの資産は、よく調べていないのでわからないですが、私と比べたら、比較にならないですよ。

私の実家は「珍満」という、大きく言えば中華料理店、小さく言えばラーメン屋です。私はそこの息子なんです。

ラーメン屋の息子である私でも、努力をして北海道議会議員になって、国会議員になって、そして今、自民党の幹事長をやっているんです。

だから自民党と民主党の違いを見るとき、双方の幹事長を見れば一目瞭然なんですよ（笑）。ですから鳩山さんが「小泉首相は格差社会をつくった」と主張するのはどうかと思いますよ。そう思いませんか。

やあ、今日は報道陣が部屋にいなくて伸び伸びと話ができる（笑）。

徹底して無駄を省く

格差について言えば、確かに中央と地方の格差というのはあります。一番はインフラですね。下水道のあるところとないところ。最近はＩＴが叫ばれていますが、最低限、このＩＴのインフラはやらなきゃいけない。そういう是正はしなければいけない。それから人口減少時代に向け、持続的な社会保障制度つくるためには、かなりきめ細かい配慮が必要だと思います。きめ細かい配慮というのは、資産がある人とない人、元気な人とそうではない人。でも人間、いつ病気になるかわからない。そんなときには、しっかり国民皆保険の下で、病気を克服することができる体制にしなきゃいけない。

「じゃあ増税か」という話になりますが、その前に無駄を省くことが先。そして経済成長。民間の活力を最大限に発揮できるような税制システム、規制緩和を進める。

来年（二〇〇七年）、参議院議員選挙があります。いつも参議院というのは「荷崩れしないように法案を送ってくれ」という注文を衆議院に付けるんですね。そうなると野党と妥協しなければいけない。

この前、小泉首相とお話ししました。そのとき、「いつも思うが、衆議院と参議院で同じ所信表明演説をやり、同じ審議をする。これはおかしい」とおっしゃいました。私は両院の議員が一堂に会する場所があってもいいと思うんですよ。

来年の参議院議員選挙に向けて、自民党五役と公明党三役、そして小泉首相が集まったときに、「今すぐというのは無理だから、せめて一〇年後に、参議院議員の定数を一五〇名ほどにして、衆議院議員も三〇〇名にしよう」という話をして、全員賛成しました。

私は参議院改革というのは、次の政治改革における最大のポイントだと思うんですよ。参議院が「衆議院のカーボンコピー」と言われないようにしなきゃいけない。

少し話がズレましたが、これも重要な政治改革なんですよ。

郵政造反組への対処について

昨日、テレビ朝日の『サンデープロジェクト』で司会の田原（総一朗）さんと大喧嘩しました。

「安倍さんが郵政造反組を復党させるようなことを言っている」と。

そんなこと、安倍さんは言っていません。

私も小泉首相も安倍さんも、共通していることは、「『新しい自民党が、新しい総裁の下で、新しい時代を切り開いていくために、同じ考えをお持ちの方は一緒にやりましょう』という呼びかけをしていこう」ということなんです。

あの郵政造反組というのは、郵政民営化に反対したから自民党にいないんじゃないんですよ。郵政民営化については、もう解決済みなんです。

私は総選挙のとき、何度も言った。

「立候補するなら、もう既に別の自民党公認候補者がいるのですから、離党して立候補してください。党籍を持ったまま立候補すれば必ず除名になりますよ」と。

そして「党紀委員会に諮《はか》って、自民党公認候補者の当選を妨げたという理由で一週間以内に離党しなければ除名する」という勧告をした。それに従った人は離党して、逆らった人は除名した。だから復党したいのなら、明確な大義がなければ復党はできません。

「参議院に勝つためには何が何でも復党させろ」と言いますが、選挙で一番大切なのは無党派層なんです。

もちろん、自民党を昔から支持してくれている人たちや組織は大切ですよ。でも先の総選挙でなぜ自民党があれだけ大勝したのか。ほとんど都市部で勝った。「改革を止めるな」「改革か先送りか」というスローガンを掲げた。そして今度の参議院議員選挙のテーマは、まさに「改革、加速。後退は許さない」ということですよ。こういう姿勢を無党派層の人たちは見ているんですよ。

自民党が後退するか、しないか。それは自民党自身に懸かっているんです。

新総裁の下で新時代を開く

私たちは新しい総裁の下で、まず簡素で、しかも強靭な小さな政府を目指して、地方分権を進め、道州制を実行段階に移したいと思います。私は補助金ゼロで、道州政府に権限と財源を全部、委譲していいと思うんです。日本全国が金太郎飴のような地域政策をやる必要はない。だから先般の自民党の党大会も全国一一カ所の各ブロックのうち、一〇カ所で開催しました。

地域、地域ごとですごく盛り上がったんですよ。この前の東海ブロック大会なんか、愛知、岐阜、静岡、三重各県の自民党所属の国会議員がズラリとステージに並んで、総裁候補者を呼んだ。小泉首相に言われたんですよ。「ぜひブロック大会をやって必ず成功させてほしい」と。

最初は抵抗があったんですよ。また、今次総裁選は、トライアスロン型になっている。私は、今回の総裁選はトライアスロンのようにしようと考えた。

国会が終わった六月一七日から七月二八日までの東京ブロック大会までは水泳なんです。その後、九月八日の告示までは自転車ロードレースなんです。そして、それ以降はマラソンなんです。

総裁というのは、一発勝負で決めてはいけないんです。持久力、耐久力、創造力、決断力、推進力といった総合的な人間力がなければならない。この三カ月ほどで、総裁候補者の皆さんの顔つきが、随分、変わりましたよ。そして九月二〇日は、必ず全国民が拍手喝采を送れる総裁が誕生すると思いますよ。

こういう動きを逆戻りさせようとする人たちがいることも間違いない。

でもそれでは絶対にいけない。

小さな政府を実現するために、今、ようやく走り出した。先般の総選挙の際、小泉首相が「殺されてもいい気構えだ」と言いましたね。今度の新総裁も、そういう意気込みで臨んでもらいたい。だから絶対に今度の参議院議員選挙は負けられない。

小泉首相がなぜあれだけの改革を実行できたのかというと、長期政権だったからなんですよ。

これまでどうでしたか。首相がコロコロ替わっていた。日本のためには、必ず次も長期政権でなければならない。

そういう流れを戻そうとするのが民主党の小沢さんですよ、なりふり構わず。今度の参議院議員選挙は、亀井静香さんたちの国民新党と一緒に戦うんでしょ。つまり古い自民党の人たちと一緒にやる。さらに社民党、すなわち古い社会党とも一緒にやる。ですからまさに「新しい自民党」と「古い自民党」の戦いなんですよ。だんだん街頭演説みたいになってきましたね（笑）。今日は、いつもと違い、言葉をよく選んで話すのではなく、思いっきり言いたいことを言えました（笑）。

私もこれまで皆さまのご支援、ご協力をいただきながら自民党幹事長を務めてまいりました。これからもしっかり公明党とも連携して、走り出した小泉構造改革を強力に推進していくために、私の微力を捧げたいと思います。

そのためには、国民の皆さまとともに、私たちの意識も変えなきゃいけない。そういう意味では日本政策アカデミーの皆さんとは、価値観を共有し、同じ問題意識、同じ目標を持ち一緒になって進んでいかなければいけないと思います。

今後とも宜しくお願いします。これで私の話を終わります。

ご清聴ありがとうございました。

安倍内閣の課題

舛添要一

シンクタンク2005・日本「日本政策アカデミー」第三回講演（二〇〇六年一〇月二日）

講師＝舛添要一（参議院議員）

チーム安倍

舛添要一です。今日はレジュメをご用意しましたので、これに基づいて簡潔に問題点を指摘していきたいと思います。

今日の演題は「チーム安倍」ということですが、まず、その特色は、官邸主導のために五名の補佐官を入れたということです。これは霞ヶ関の官僚機構との闘いのためです。小泉（純一郎）さんから安倍晋三さんが政権を引き継いだということは、とにかく「役所の抵抗をどう抑えるか」ということです。

ただ問題なのは、日本は大統領制ではなくて議院内閣制ですから、「アメリカ的な大統領制のシステムを導入してうまくいくのか」ということです。

拉致問題担当の中山恭子さんは、外務省と協力しなければならない。国家安全保障担当の小池百合子さん。こちらは外務省と防衛庁とどう調整するのか。教育再生担当の山谷えり子さんは、文部科学省とどう連携するのか。

「大臣と補佐官では、どちらが権限があるのか」ということですね。

根本匠さんは経済財政担当ですが、財務大臣の尾身幸次さんもいるし、経済財政政策担当大臣の太田弘子さんもいる。

最終的には安倍さんのリーダーシップにかかってくるのですが、うまく首相と大臣と補佐官が連携しないと、安倍さん自らが調整に乗り出したら首相としての仕事に支障が出てくるので、若干の不安があります。

保守とは「大切なものを守るために改革をする」こと

それから安倍さんは理念重視で「美しい国」というキャッチフレーズを掲げていますが、私はむしろ理念より現実を重視します。

ですから自民党新憲法草案の前文でも、中曽根（康弘）大勲位と意見が食い違いました。「早く憲法を変えるには、公明党だけじゃなくて民主党の賛成も必要であり、彼らが受け入れる内容のものにしなければいけない」と言い続けてきました。理念重視が「吉と出るか、凶と出るか」ということです。

中国などは理念重視ではないんですよね。一〇月八日、電撃的に安倍さんが中国を訪問するそうですが、あれだけ「靖国神社はけしからん」と言っていた中国が、どうして安倍さんと会うのか。結局、中国にしてみれば利益になれば何でもいいんですよ。

私たち自民党は健全な保守主義者です。

それでは、保守とは何か。

それは「大切なものを守るために改革をする」ということなんですね。

例えば、私は天皇制というのは、まさに日本文化の根幹にあるもので、仮に天皇制がなくなったら、日本の国民はアイデンティティを失うと思う。だから私は命を懸けて、この制度を守りたい。

この前、秋篠宮妃紀子さまが男児をご出産なさいましたけれど、今後、時が経つにつれて先細りになったらどうするんだと。私などは「議論をしたうえで、男系だけではなく、女系まで認めることによって、大切な天皇制を守りたい」という立場です。ところが、「男系以外は天皇制の本質にそぐわない」という意見もあるわけです。

しかしながら、少子化の時代ですし、必ずしも今後、男児が生まれるとは限らない。それから天皇制は、側室制度があってはじめてこれまで男系が守られてきた。

私は昭和天皇を大変尊敬しております。昭和天皇がいたから日本は戦争に負けても救われた。その昭和天皇は四人続けて女児がお生まれになり、今の天皇陛下がお生まれになるまで、大変なプレッシャーがあった。

そんななか、「側室をもらうべきだ」という話が持ち上がった。

しかし昭和天皇は、「弟にも子供がいるんだから、後継は兄弟の宮さまの子供でいいではないか。側室までもらうつもりはない。私は今の皇后さまだけを大切にしたい」とおっしゃった。そうしたら男児、今の天皇陛下がお生まれになったわけですね。ですから、側室制度がなければ男系は維持されてこなかったわけで、歴代天皇の半分は側室のお腹からお生まれになった。

昭和天皇が、「私は側室はいらない」とおっしゃったときに、本来ならば当時の政治家が皇室典範について議論すべきだった。ところがずっとサボってきた。今度、紀子さまに男児がお生まれになりましたから、皇室典範の議論が中断しそうですが、私はそれではいけないと思う。

だけど「天皇制を本当に守るためにはどうするのか」ということを考えた場合、やはり私は女系を認めるべきだと考えます。それこそが保守主義です。

ところがファンダメンタリスト、つまり原理主義者は、「とにかく男系じゃないといけない」と言います。

ですから、理念重視だと、悪く言えばファンダメンタリストになってしまう。これをどうするか。よく言えば、原理原則がしっかりしているからこそ北朝鮮と正面から対決できるとも言えるでしょう。

率直な議論が求められる靖国問題

それから靖国神社。

私は、あれは鹿鳴館《ろくめいかん》だと思っています。つまり幕末から明治維新にかけて、日本に欧米の文化が入ってきたわけです。あのような別格の神社で、自分の陣営で戦った者だけを祀《まつ》るのはヨーロッパの文化であり、日本のものではない。

平将門を見てください。なぜ将門塚があるのか。朝敵である将門が怨霊《おんりょう》となって、祟《たた》ることを恐れ、神として祀るわけです。

例えば、私の親父が戦国時代、誰かと斬り合いになったとしましょう。私は当然、自分の親父ですから立派な墓を立てる。けれども親父に斬られた相手はもっと立派な墓にする。そのいい例が、日露戦争により捕虜となったロシア人たちを祀る愛媛県のロシア人墓地。普通の日本人の墓より遥かに立派です。

つまり、私たち日本人は、「敵であれ味方であれ、死んだら神さま仏さま」という思想です。すべて平等に扱うんです。

敵と味方を峻別《しゅんべつ》するのは中国であって、今でも死んだ敵の銅像をつくって、唾を吐きかけ、蹴飛ばしています。そういう発想は私たち日本人の心情にはありません。こういった中国的、ヨーロッパ的なやり方よりも、敵であれ味方であれ、死んだら神さま仏さまというやり方のほうが日本人の心情に合っている。私はこれを守りたい。

この伝統を壊したのは、靖国神社です。自分の陣営の人間だけを祀る。こういう発想は私たち日本人にはなかったはずなんですね。

ですから、靖国神社ができたときに遡《さかのぼ》るのではなくて、もっと古代にまで遡るべきだと思うのです。

一国の首相が参拝するのに難儀をきたす。中国に行くにも「靖国神社はどうするか」という話になる。本当は天皇陛下も参拝したいと思うけど行けない。ですから誰でも参拝できる、敵にも味方にも哀悼の意を捧げることができる施設をつくるのが一番いいのではないか。

私は九州の男ですから、西郷隆盛が靖国神社に祀られていないことに「何ごとか」という怒りを感じるんですね（笑）。西郷さんがいなければ近代日本はないんですよ。彼がやったのは廃藩置県ですよ。廃藩置県は自分の殿さまの首を切るんですから。ところが朝敵になったために靖国神社に祀られない。「西郷さんは、犬を連れて上野公園に祀られてある」なんていう奴がいましたけれども、あれは銅像です（笑）。

そんな意味では、靖国神社は異端であると。そういうことを言うと、また非難されるかもしれないけれど、時代は変わります。それが正しいか正しくないかは別として、そういう議論を率直にやるべきなのです。ところが、そういった議論をすると、加藤紘一さんの家が火事になったように、家に火をつけるような輩《やから》がいる。

言論の自由を命を懸けて守るのが保守主義ですから、ファンダメンタリズムのように、「けしからんから家に火をつける」といったような方向に行っちゃダメなんですね。安倍内閣がそうだということでは決してありません。ただ、理念重視が行き過ぎると、そういう落とし穴もあるということです。

失われた自民党のバランス感覚

「王よりも王道的」という言葉があります。王様自身はそうでもないが、取り巻きの連中がファンダメンタリスト、「王よりも王道的」になってしまうということです。王様を諫《いさ》めるくらいの人が側に付くのがいいんだけれど、今回（二〇〇六年九月）の自民党総裁選挙では、それがなくなった。

今までの自民党は違いました。

安倍晋三さんのお祖父さんの岸（信介）さんが日米安保条約改定を訴えたら、池田（勇人）さんが所得倍増計画をやり、田中角栄が日本列島改造論を掲げ、その田中さんがロッキード事件で潰れたら、三木（武夫）さんは政治倫理を主張した。

浮き沈みはあるけれど、それが自民党のバランスを取って、全体としては真の保守主義を貫いてきたんです。ファンダメンタリスト的な傾向を抑えてきたのに、今回の総裁選挙はそれが働かなかった。

それをどう埋めるか。

私は安倍さんをよく知っているし、お父さんの晋太郎さんにもお世話になり、安倍さんの最初の選挙のときには、私は政治家ではありませんでしたが、応援にも行きました。それぞれの郷里が北九州と下関だから、関門大橋を渡れば目と鼻の先です。安倍さんはいい人、心優しい人です。小泉さんは非情ですよね。おそらく小泉さんだったら、総裁選挙で安倍さんをサポートした何とか議員連盟の幹部を全部吹っ飛ばして組閣をする。でも安倍さんは論功行賞、目配りを利かせる。本当に優しい。

それが裏目に出ちゃいけないということで、若干諌めるところは諌めなきゃいけない。それがないと自民党自体がダメになると思います。

内閣と与党との関係

それから、先ほど官邸主導についてお話ししましたが、官が無駄をやっているのは見ればわかります。

私は今も自分の会社を経営していますから、血の滲《にじ》むような思いをしています。民間で働いて鍛えた奴は、そのことをよく知っているんですよ。ところが政治家になって採用した秘書というのは、最初から官だから、ソ連の官僚みたいになっちゃう。

それともう一つ、日本は大統領制ではなくて、議院内閣制ですから、党との関係をどうするか。

アメリカの大統領は、特別な許可がない限り、議会に入っちゃいけないんですよ。それだけ三権分立が徹底している。日本は、この党（自民党）の総裁じゃないと首相になれない。議院内閣制のなかで党との関係をどうするか。

小泉さんのように、いたずらに軋轢《あつれき》をつくる必要はない。自民党のなかに抵抗勢力をつくって郵政民営化を実現するのも一つの手法です。しかし、霞ヶ関に抵抗勢力をつくっても、外務省には外交族の議員がいて、文部科学省には文教族がいる。防衛庁には国防族がいる。党のなかに、専門的知識を有する族議員がいるわけです。これらとの調整をどうするのか。

それから来年（二〇〇七年）、参議院議員選挙があって、私も改選ですが、参議院自民党は実質的に力が強い。参議院自民党との関係をどう構築していくか。その意味では、中川（秀直）幹事長が頑張らないといけない。政策的には中川（昭一）政調会長です。

参議院自民党との調整役はいません。これを早く決めないといけない。参議院自民党は、青木（幹雄）さんが会長で、片山（虎之助）さんが幹事長です。この方々とケンカをしないで、どうやってまとめていくかということが課題です。

小泉改革の継承と反省

小泉改革の継承と反省について申し上げますが、継承すべきは継承する。では何を反省するのか。やはり私は格差社会の是正が最大の課題だろうと思いますが。むしろ、「オレは小泉の跡取りだ」ではなくて、「オレは安倍だ。小泉とは違うんだ」という部分をどうやって見せるか。

確かに改革には犠牲を伴います。しかし、ずっと自民党を応援してくれていた中小企業を経営しているオヤジさんが不況の煽《あお》りを受けて倒産して、どうにもならなくなって、首くくって死んじゃったらどうするか。残された家族はおそらく、今まで自民党を応援してくれていたとしても、「あの小泉じゃなかったら、こんなことにはならなかった」と思う。そういう人が大勢いるわけです。「そういう事態はとても悲しくて残念だが、しかし改革は必要で、その分、しっかりとしたセーフティーネットを構築する」ということをどう伝え、説得するかが重要です。

とりわけ社会保障政策です。中国に行こうが韓国に行こうがいいですが、どの世論調査を見ても、国民が一番関心を持っているのは社会保障政策ですよ。みんな身近なものに興味がある。それは当然です。そこをないがしろにしてはいけない。

私たち自民党は社会保険庁を解体すると主張している。

ぜひご理解いただきたいのは、社会保険庁の官僚もそうですが、一番メチャクチャなのは労働組合ですよ。岐阜県庁の約一七億円にのぼる裏金事件も、裏金が保管してあったのは、労働組合の金庫でしょ。

ですから、まだ自民党の方が民主党よりも改革能力があると思います。

私は政治というのは、「弱い者に光を当てるものだ」と考えています。強い者は自分で金を稼げます。でも普通の人はそうじゃない。

格差は拡大していますよ。大阪城の青テントの数を見てください。すごい数ですよ。一方、これだけガソリンが高いのに、車はどんどん売れていく。

こういう状態をどうするのか。

日本社会の安全弁は企業でした。一度就職すれば退職するまで安心して働ける。結婚して家族ができれば社宅がある。夏休みに海に行こう。海に行ったら、その会社が海の家を持っている。冬休みにはスキーに行こう。スキー場に行けば、会社の宿泊所がある。

私は北九州の出身ですが、八幡製鉄所に入社すれば安泰の時代でした。買い物したけりゃ製鉄購買会があり、病気になれば製鉄病院に行ける。私もオフクロに「八幡製鉄所に入れ、入れ」と言われましたよ。それを無視したもんだから、こんな大変な仕事に就いちゃった（笑）。

こういった企業組織が日本人のノイローゼになる率を減らし、自殺者の率を減らしてきたわけです。

ところがグローバリズムの波に揉まれて、会社が生き残るためには、そんな悠長なことができなくなった。会社がつくった商品が一円でも高ければ売れない時代になったのです。

日本の企業には三つの柱がありました。「終身雇用」「年功序列」「企業内組合」です。「企業内組合」は別としても、「終身雇用」「年功序列」は今やなくなりました。いつクビになるかわからない、いつ会社が倒産するかわからない、そんな時代です。

こういう時期というのは、本来、野党が政権を獲るんですね。諸外国なら、とっくに政権交代ですよ。ところが民主党は政権を獲れない。いかに能力がないか。「野党は何をやっとるか」ということですよ。

とにかく今、こういう不安定な状況のなかで、セーフティーネットを張り巡らす、今からそのことができるかどうかが、安倍さんにとって非常に重要ですね。

それから財政再建。

これも忘れちゃいけない。消費税をどうするか。

考えてみてください。一〇〇〇万円の年収がある人が、三〇〇〇万円のローンを抱えていても不思議じゃない。その意味で私はまず、あらゆる無駄を省くしかないと思う。それでもダメなら増税です。

次に教育改革。

私は理念重視の教育改革ではいけないと思う。現実重視の教育改革。つまり、「日本の歴史や文化、伝統を重んじないから教育が悪い」のではなくて、目の前で子供がイジメられて、学級崩壊が起きている。それをどうするのか。あまりに公教育がダメになった。それは日教組（日本教職員組合）だけに原因があるわけじゃない。私たちが子供の頃は貧しかったけれど、立派な教育を受けられた。

私は今でも小学生のときの恩師に感謝しています。当時の答案用紙を見ますと、よくここまで添削してくれたものだと感心します。その頃はコピー機もありませんから、ガリ版ですよ。その恩師だって日教組に入っていましたよ。

日教組が教育を悪くしたのではなくて、原因は他にいっぱいある。それを一つずつ解決していかなきゃいけない。ぜひ安倍さんには近くの公立学校に行って見てもらいたい。

そして憲法改正。先ほどもちょっと申し上げましたが、自民党新憲法草案をつくる際の議論のように、「変えられないものをつくってもしょうがないだろう」ということですよ。新憲法草案をつくっても、民主党が「これじゃ嫌だ」と言って、逃げられちゃしょうがない。

では自民党だけで改正ができるか。そりゃ無理ですよ。憲法を変えようという政治家は、学者じゃないんだから現実を見なくちゃいけません。

とにかく憲法改正は二〇〇七年の参議院議員選挙が終わらないと何も手をつけることができない。民主党とは選挙で闘うわけですから。

山積する外交と安全保障の課題

次に外交、安全保障。

安倍さんは一〇月八日に中国、九日に韓国に行きますが、靖国神社をめぐって対立しても何のメリットもない。もっと大切な課題が山ほどある。

新政権発足後、最初に中国、韓国を訪問するわけですから、これはアジア外交を立て直す意味でも成功を祈るし、成功すれば幸先のいいスタートになる。

それから北朝鮮問題も、安倍さんの原点ですから、挙党一致でやらなきゃいけない。でも、この問題の解決を国民にあまりに期待させて、それができなかった場合はどうするのか。その反動は大きい。

なにせ金正日体制というのは話にならない体制ですから。嘘、欺瞞、詐欺、ペテンで凝り固まった体制で、売るものはミサイルであり、偽ドルであり、覚醒剤。まともな国じゃない。

それから日米関係。

過去五年間、テロとの闘いさえやっていれば良好な関係が保たれてきましたが、それだけでは済まされなくなっています。

米軍再編にどう対応するのか。

そして中東、アフリカ。

特にイラン。アザデガン油田の開発交渉をどうするのか。核開発には反対するが、でも油田は欲しい。資源外交をしっかりやらないといけない。

それからヨーロッパは、民主主義と地域統合のモデルなんで、今後いろいろな意味でヨーロッパの経験に学ぶことが必要だと思います。

天下分け目の参議院議員選挙

いよいよ臨時国会での論戦が始まります。運がいいというか、敵（民主党）の大将（代表の小沢一郎）が病院に入院していますから、なかなかまともに論戦ができないかもしれませんが、いろんな案件が山積している。

特にテロ特措法の延長をやらないと、インド洋にいる海上自衛隊が帰ってくることになる。そうなると日米関係が崩れる。そうならないためには早く対処しないといけない。他にも国民投票法、教育基本法がある。本当は小泉さんが片付けてくれればよかったのですが、辞めちゃった。

そこで、いよいよ大阪九区、神奈川一六区の衆議院補欠選挙がある。一〇月二二日投開票。両方とも自民党の議席だった。絶対に躓《つまず》いちゃいけない。大阪九区は、もともと自民党が弱い。神奈川一六区は亀井（善之）先生のご子息を公認して弔い合戦になるが、民主党も官僚出身のいい玉をぶつけてきた。いずれも全力でやんなきゃいけない。

それから沖縄県と福島県の知事選挙が一一月にある。特に沖縄県。

私の（参議院の）同僚の糸数（慶子）さんという、地元ではマドンナと呼ばれる反基地の闘士が野党共闘で出る。いわば小池百合子さんみたいな人。この選挙もなかなか難しい。

もし自民党が負ければどうなるのか。反基地の闘士が知事になるわけですから、日米関係はガタガタになる。

あと一二月に福岡市長選挙があって、〇七年二月に私の故郷の北九州市長選挙がある。ここは民主党の衆議院議員の北橋（健治）さんが出る。知名度は抜群です。こちらは元国土交通省の官僚を出すが、どうでしょうか。

そして二〇〇七年四月は統一地方選挙。

市町村合併もしていますから、必ずしも自民党に有利ではない。

そして天下分け目の参議院議員選挙。

私が言うのもなんですが、ほぼ自民党は負けるでしょう。勝てる要素がありません。

まず、「振り子の原則」からすると、郵政解散総選挙で自民党が勝ちすぎたので、今度は負ける。日本人はバランス感覚があるからです。

もう一つは小泉改革で伝統的自民党支持層が崩れてしまった。地方で負ける。

六年前、自民党は二一〇〇万票を獲った。比例区では私だけで一六〇万票、一〇人分獲りました。全部で六五議席。

それから三年後、一六〇〇万票。五〇〇万票も減らし、一六議席も減らした。

小泉さんが首相になったとき、飛行機みたいに「ブワー」と飛んで、どこに行っても「純ちゃん、純ちゃん、純ちゃん、純ちゃん饅頭」。

一人区が二七選挙区あります。六年前は二五勝二敗ですよ。

三年前は五〇〇万票減らしたうえに一四勝一三敗。

今度の参議院議員選挙。二勝二五敗になるかもしれないんですよ。

しかも四増四減で一人区が二つ出来て、東京選挙区と千葉選挙区が一議席ずつ増える。つまり一人区は二九選挙区になる。私はこのうち二〇選挙区は勝たないとダメだと思います。

もし負けて、参議院で民主党が第一党になれば、議長も議院運営委員長も民主党に獲られます。そうなると審議は全部ストップです。

衆議院から来た法案を議題に載せないで吊るす。

それが続けば衆議院解散。

そうならないために全力で努力します。

このあたりで終わります。ありがとうございました。

日本の防衛問題

石破　茂

シンクタンク２００５・日本「日本政策アカデミー」第四回講演（二〇〇六年一〇月二日）

講師＝石破　茂（元防衛庁長官・衆議院議員）

太平洋戦争に対する認識

皆さま、こんばんは。私が「軍事オタク」とか「タカ派」とか「右翼」とか「ネオコン」とか、はたまた「プラモデル・マニア」と言われております衆議院議員の石破茂でございます（笑）。今日は、日本政策アカデミーにお招きいただき誠にありがとうございます。

さて本日のテーマである防衛問題ですが、防衛問題というのは、あまり日頃の暮らしに関係ないんですよね。

例えば農林水産省、私も政務次官や副大臣を務めましたが、農林水産省であれば、お百姓さんとか漁師さんの日々の暮らしに、政策が直接、影響いたします。

それは厚生労働省や国土交通省も同じですが、防衛庁の場合、政策が日々の暮らしにまず影響しない。べつに政策を遂行したからといって、国民の生活が直接的に向上するわけではありません。

したがって、防衛問題というのは政治家にとって、あまり票にもならないし、カネにもならない。

ですが、何かあってからでは遅い。

わが国は政策を誤って、一度は滅んでいる国なんですね。確かに天皇制は維持されましたが、一九四五年以前の日本国と、以後の日本国は全く違うわけです。

三〇〇万人の方が先の大戦で亡くなっています。それにもかかわらず、防衛問題について十分な議論をしてこなかったわが国というのは、きわめて異常であると言わざるを得ない。

最近、「北朝鮮問題をどう解決するか」ということで、政治家はもちろん、学者とか評論家とかジャーナリストが、いろんなことをおっしゃっています。私は、「北朝鮮問題をどう解決するかという問いは、日本はどうすれば太平洋戦争を避けることができたかという問いと、かなりダブっている」と、自民党の会合で申し上げたことがございます。

このことについて、これまで議論されたことはほとんどない。

この答えを出さずして、「北朝鮮問題をどう解決するか」という問いの答えは出るとは思わない。

私は、集団的自衛権が行使できるようにならない限り、この国は主権独立国家たり得ないと考えております。

しかしながら、それを行なうためには、「日本はどうすれば太平洋戦争を避けることができたか」ということについて、しっかりとした理解がないといけない。その理解がないまま、集団的自衛権の行使ができるようにするのは反対であります。

そしてアジアの国々、例えばフィリピンにしてもインドネシアにしてもマレーシアにしてもシンガポールにしても、「他の国の教科書が、太平洋戦争についての歴史をどのように記述しているのか、そこに日本はどう描かれているのか」ということについてよく考えるべきだと思います。

他の国との歴史認識のギャップが埋まらないと、わが国は今後、地域や世界においてリーダーたり得ない。

私のなかでは、「集団的自衛権の行使を認める」ということ、「先の大戦に対する認識をしっかり持つ」ということ、そして「アジアの国々の歴史教育がどのようになされ、その国の国民が日本をどう考えているのか」ということについてしっかりと認識しなければ、わが国は今後、世界のリーダーたり得ないと思っております。

そのような観点からいくつかお話しいたします。

私が見た北朝鮮の実像

私は過去に一度だけ北朝鮮に行ったことがあります。それは金正日《キムジョンイル》のお父さんの金《キム》日成《イルソン》の八〇歳のお誕生日のお祝い、今から一四年前の一九九二年だったと思います。

お祝いする気は全くなかったけれども訪朝団のメンバーとして平壌《ピョンヤン》を訪問しました。

私の選挙区は鳥取県（鳥取一区）でございますが、日本海側に住む人間は昔から北朝鮮に対して警戒心を抱いております。子供の頃から海岸には「怪しい人を見かけたら警察へ」という看板がたくさん立っておりました。それは密入国者が多かったからでしょう。

社会党は何を間違ったか、「地上の楽園」とバカなことを言っておりましたが、決して私たちはそんなことは思っていない。日本海側に住む人間は特にそんなことを思っていないわけですが、「見てもいないのに批判するのはよくない」と考えて、今から一四年前、自民党と社会党と公明党の超党派の訪朝団に参加しました。羽田空港からチャーター機を仕立てて、五〇名ほどの国会議員で参りました。まだミサイルも飛んでいませんし、工作船も来ていませんし、日本人の拉致問題も顕在化していない時期でした。

私も職業柄、世界六〇カ国ほどを訪問しておりますが、あんなに驚いたのは初めてでありました。

「本当にこんな国が存在しているんだ」と感じました。

なにしろ、神にも等しい主席さまのお誕生日でございます。

皆さん、天皇陛下のお誕生日はご存じですよね。一二月二三日です。昭和天皇のお誕生日は四月二九日。今は「昭和の日」でございます。しかし今、ほとんどのご家庭では日の丸を玄関先に掲げようとしません。子供に「今日は何の日ですか」と聞くと、だいたいの子供が「学校が休みの日」と答えます。「じゃあ、何で休みなの」と聞くと答えられない。

私は愛国心もまことに結構ですが、まず国民の休日には、しっかりと日の丸を掲げることから始めなければいけないと思います。

北朝鮮での主席さまのお誕生日は、それはもう国を挙げてお祝いする。ただ事ではありません。東京の国立競技場よりさらに大きなスタジアムで、マス・ゲームをやる。マス・ゲームというのは、個々の人たちが色分けされたカードを持って、表にしたり裏にしたりして、大きな絵柄や文字をつくる。高校野球のＰＬ学園のそれよりはるかに大きく、はるかに精密です。そして一つの物語を表現する。その物語とは「いかにして勇猛果敢で正義感にあふれる金日成同志が悪逆非道な日本軍を打ち破ったか」というもので、一時間以上、延々と続く。

夜は夜で同じく「大夜会」と称する歌劇の上演があり、「いかにして勇猛果敢で正義感にあふれる金日成同志が悪逆非道な日本軍を打ち破ったか」という内容の演劇が行なわれる。

要するに、あの国は「反日で貫かれている」ということです。

これが第一点。

そして高層ビルの建築現場、ダムの工事現場、河川の改修現場へ案内される。どこへ行っても「この現場は予定より早く工事が進んでいる。けが人も誰一人として出ていない。すべて金日成さまのお陰です」と言われる。

つまり個人崇拝の国ということです。

これが第二点。

次に、二日目にいろんな施設を見学したのですが、「少年宮殿」と呼ばれる英才教育センターに行きました。北朝鮮じゅうから、歌の上手な子供、踊りの上手な子供、ピアノの上手な子供といった才能ある子供たちを一堂に集めて教育をする。

ある部屋に行くと、かわいい女の子三〇名ほどがおりました。私たちが、ふと戸を開けると、一斉にこちらを向いて、同じ表情で「ニコッ」と笑う。

背筋が凍りました。

マインド・コントロールの国であるということです。

これが第三点。

何年か前にユニバーシアード競技大会という青年のスポーツ大会が韓国でございましたね。あのとき、美女応援団、主観によっては美女かもしれませんが、その美女応援団がやってきた。

彼女たちがバスで移動中、ある村を通りかかりました。あるものを目にした彼女たちは、血相を変えて、我先にとバスから降りて、ある行動に出ました。

彼女たちが目にしたのは、木と木の間に掲げられた「歓迎、北朝鮮選手団」という横断幕でした。よくある光景です。

ところが彼女たちは、血相を変えて、我先にとバスから降りて、木によじ登り、その横断幕を下ろしました。

なぜか。

実はその横断幕に金正日の写真があったからです。

「何とおいたわしいことか。将軍さまのお写真を木にぶら下げるなんてとんでもない」ということですね。

だから彼女たちは、そういう行動に出たわけです。

それはマインド・コントロールとともに、そのバスのなかには秘密警察、監視員がいたからです。あるいは彼女らのなかに、スパイがいるかもしれない。「私は金正日さまに忠実なのよ」ということを行動で示さなければ、待っているのは強制収容所ですよ。

金正日は、「なぜソ連は崩壊したのか」「なぜルーマニアは崩壊したのか」ということを、非常に熱心に研究していると伝えられます。なぜ、あの社会主義、共産主義の本家本元のソ連が崩壊したのか。

一つは、国民に対する監視体制が行き届いていなかった。

ソ連はＫＧＢ（国家保安委員会）と政治将校で、一般庶民の監視をしていました。でもこの二つだけでは、十分な監視ができない。国民の不平不満を抑えることができない。したがって、「ソ連のような生ぬるい監視体制ではダメだ」ということで、北朝鮮は一般国民のなかにもスパイを入れた。隣の人が何をしてもすぐに通報できるような国家をつくった。

北朝鮮には「自分の背中も他人である」という言葉があるそうですが、自分の背中だって信用ならない。どこで誰が見ているかわからない。自分すら信用できない。そういう密告国家にしてしまった。

ではなぜ、ルーマニアのチャウシェスク体制がひっくり返ったのか。

これはソ連とも通ずる点がございますが、海外の情報が入ってしまった。

「実はアメリカを中心とする西側の自由主義陣営というのは、言われているほどひどい国々ではなくて、自由があり、人権が保障され、努力した者が報われる体制なんだ」ということが、電波を通じて入ってしまった。

「これはいかん」ということで、北朝鮮は情報遮断をする。

北朝鮮のテレビのチャンネルは一つか二つ。ラジオのチューナーも固定されています。少しでもいじったら強制収容所行きです。奥さんがスパイかもしれない。子供がスパイかもしれない。

チャウシェスクは軍によって、奥さんともども銃殺刑に処せられた。軍の管理をしっかりしなければいけない。

庶民をコントロールするのは、いわゆる秘密警察の体制を整えることであり、情報を管理することである。あとは軍が自分に歯向かわないために、いかにして軍に特権的な待遇を与えるかということであります。ですから北朝鮮にどんな援助物資を送っても、庶民に回ることはほとんどない。

それはそれなりにうまくいっているんですよ。うまくいっているから金正日体制は倒れないんだと思います。

しかしながら人間ですから、「お腹すいたよ」「病気になったからお医者さんに行きたいよ」「勉強したいよ」という欲望はあります。

それをどうやって抑えるか。

私たち自民党だけではなく、日本の真っ当な政党の目標は、そんな大それたものではございません。私たちの目標は、「国民が飢えに泣くことがない」「病気になったら医療を受けることができる」「教育を受けられる」「老後が保障される」、この四つが国家の政治目標だと思います。それ以上、大それたことを言うとロクなことになりません。しかし北朝鮮では、この四つは国家目標ではない。

国民が飢えに泣こうが、病気になって医療を受けることができまいが、教育を受けることができまいが、老後の保障がなかろうが、そんなことはどうでもいい。

あの国の国家目標はたった一つ、国家体制の維持です。「金正日独裁体制をいかに維持するか」ということであります。

そのために、日本人を拉致し、工作船を出し、ミサイルを飛ばし、核実験をやる。「すべては国家体制の維持に必要だから」と信じてやっているのです。

北朝鮮は「自作自演」

北朝鮮は「狂気の体制」だと言われますが、それなりに考え抜かれたものであって、ナメていてはいけません。

国民の不平不満をどうやって抑えていくか。その方法は一つしかない。戦時体制をつくることです。

今から六〇数年前、この日本にどんなスローガンがありましたか。「鬼畜米英。アメリカは鬼であり、イギリスは獣である」「鬼畜米英なにするものぞ。日本は神の国である。神国日本である。大和魂をもってすれば恐れるに足らず」と言われました。そして国民に向けて発せられたスローガンは「贅沢《ぜいたく》は敵だ」「欲しがりません勝つまでは」「進め一億火の玉だ」でありました。

戦時体制を維持するということは、国民の不平不満を抑えるのに最も有効な手段であります。「アメリカが攻めてくるぞ。戦争なんだぞ。だから国民よ耐えなさい」ということを言い続けて、北朝鮮は体制を維持してきた。

私は世界一九二カ国すべてを知っているわけではありません。なかにはより異常な政権もあるでしょう。しかし、私が知る限りでは、あの国が最も異常な独裁体制であります。

異常な独裁体制を維持するためには、敵はそれに相応《ふさわ》しい国でなければなりません。日本では相手として不足です。韓国は同胞であり、もともと相手とはなり得ません。中国は一応、同盟を結んでおりますので敵にはなりません。最も異常な独裁体制を維持するための敵は、最も強い国でなければならない。それは当然、アメリカでなければならないわけです。

アメリカは北朝鮮を攻めても何の利益もない。どう考えてもアメリカが北朝鮮を攻める理由はない。だから「自作自演」なんです。「アメリカは敵だ」と、いつも言い続けなければいけない。

しかし、それだけではあまり国民は本気にしない。

北朝鮮にはカネがありません。正規の陸海空軍なんてとても維持できない。軍を維持するためには、カネがかかる。

わが国のF15戦闘機、現在二〇〇機ございますが、一機一〇〇億円ですので、二兆円。イージス艦は一隻一二二〇億円、今五隻で、やがて六隻になります。最新鋭潜水艦は一隻六〇〇億円ですし、90式戦車は一〇億円近くするのであります。近代的装備を維持するのには莫大なカネがかかるのであり、北朝鮮にそんなカネはございません。

北朝鮮の戦闘機は第二次世界大戦直後のものが相当に多いのです。戦車も旧ソ連製の古いもの。一度も戦車に乗ったことがない戦車兵も大勢いる。軍艦なんて、どれもこれも役に立たない。でもそれでいいんです。そんなものを維持するにはカネがかかるから。

必要なのは展示用のもの。つまりテレビによく映る怪しげな部隊。テレビにちゃんと映ればそれでいいんです。ミサイルを運搬車で運び、戦闘機が飛ぶ。それだけでいいんです。実際の力などはどうでもいい。

では、「わが北朝鮮は戦えるのだ」ということを見せ付けるために何をするのか。それは正規の陸海空軍ではなくて、ミサイル、核、生物兵器、化学兵器、特殊工作員です。「非対称の戦い」、すなわち「戦闘機には戦闘機」「戦車には戦車」「軍艦には軍艦」というのは「対称的な戦い」ですが、それでは勝ち目がないので、ミサイル、核、生物兵器、化学兵器、特殊工作員に特化して、戦えるという体制を見せている。

そのために、ミサイル実験をやり、核実験をやる。

「わが北朝鮮は、世界最強の国であるアメリカに対して、戦う準備が整っている」ということを内外に見せて、そして、常に戦時体制を維持することで、金正日体制を守る。その延長線上に今回の核実験があるのだと思います。

太平洋戦争での苦境を想い起こそう

今の北朝鮮は六〇数年前の日本の姿とどこが違うのか。今の北朝鮮は、六〇数年前の日本より賢いか。賢くあってほしいが賢くないかもしれない。賢くなかったときにどうするのかということを考えておかないと、安全保障の議論にはならない。

皆さんのなかに、『猪瀬直樹著作集――日本の近代（全一二巻）』（小学館）の第八巻「日本人はなぜ戦争をしたか――昭和一六年夏の敗戦」を読まれた方がいるかもしれません。もし、お読みでなければ、ぜひお勧めします。これは「昭和二〇年夏の敗戦」ではありません。「昭和一六年夏の敗戦」です。

昭和一六年春、時の首相は近衛文麿、陸軍大臣は東條英機でありました。あらゆる官庁の最も優秀なエリートを集めて、永田町の今のキャピタル東急ホテルのあたりに「総力戦研究所」という機関をつくるんです。

そこで、「アメリカと戦争すると、どうなるのか」ということを自由に研究することになって、大蔵省から外務省から内務省から農林省から拓務省から逓信省から鉄道省から陸軍省から海軍省から同盟通信社まで、優秀な官僚、軍人、民間人が集められて、研究がスタートしました。

昭和一六年夏、結論が出ました。

「絶対にアメリカとの戦いは勝てない。必ず負ける」というものでした。

合理的に考えれば、そうなるんですよね。

つまり、何のために日本は太平洋戦争を始めたのか。それは経済封鎖を食らって、石油は入ってこない、石炭は入ってこない、ゴムは入ってこない、錫《すず》は入ってこない、ボーキサイトは入ってこない、鉄鉱石は入ってこないという状態になり、「これでは国は立ち行かない」として、南方に資源を求めて戦争をした。

その意味で、自衛戦争の一面が強いのが太平洋戦争であると思います。

太平洋戦争と日中戦争とを一緒にしてはいけないのであって、本質が違います。

南方に資源を求めて進出をする。当初は「南方を押さえれば、石油や石炭やゴムや錫やボーキサイトや鉄鉱石も確保することができるであろう」と日本は考えました。

しかし、それをどうやって運ぶのか。その商船隊はあるのか。そしてその商船隊を護衛するだけの艦隊があるのか。

それがなかったために、商船は片っ端からアメリカに沈められます。

太平洋戦争では、海軍軍人の戦死者よりも、民間の商船会社の死亡者の方がはるかに多いわけで、それほど輸送というのは、ものすごく軽くみられていた。

輸送に当たる兵隊さんを「輜重兵《しちょうへい》」と呼んだそうです。「輜重輸卒が兵隊ならば電信柱に花が咲く」「輜重輸卒が兵隊ならば、トンボ蝶々も鳥のうち」と言われた。「輸送などに当たるのは帝国海軍のすることではない」として、徹底的に輸送を軽視した。商船護衛に当たるのは「腐れ士官の捨て所」と言われた。日露戦争での大勝利の夢を忘れていませんからね。

「戦艦と戦艦が洋上で戦うのだ。それが帝国海軍軍人の神髄である」と。

したがって、商船は徹底的にアメリカの潜水艦に沈められた。

「この戦争は資源の補給が続かず、当然のことながら負けるのである。最後、ソビエトが不可侵条約を踏みにじる形で、この戦争は終わるであろう」という結論は、すでに昭和一六年夏に出ていたんです。

合理的に考えればそうなるのです。そうなるのですが、その結論を、近衛首相、東條大臣の前で発表したら、「諸君の研究を『机上の空論』と呼ぶのである。戦《いくさ》は勝てると思ってやるのではない。勝負は時の運である。日清戦争も日露戦争も勝てると思ってやったのではない。ご苦労であった」と東條陸相に言われて、終わったのです。国民には本当の情報は入りませんでしたからね。

帝国陸海軍に何ができて、何ができないかということを国民は知らなかった。情報遮断ですよ。そのための有効な手段が、言論統制であり、配給制度ですよ。

私が防衛庁長官のときに、有事法制ができました。あのとき、言論統制につながることだけは絶対に入れてはいけない、と思ってやっていた。何があっても言論統制はしてはならない。

私も新聞や雑誌にメチャクチャに書かれ、腹立つこともいっぱいありますよ。テレビでもそうです。「告訴しよう」と思ったこともございます。しかし、そういうことを甘受《かんじゅ》してでも言論の自由は守らなければならないと思います。民主主義のリスクとはそういうものです。

かつては、新聞が「政府は間違っている」と書こうとすれば、紙が与えらない。文藝春秋は最後まで「この戦争は誤りだ」と書き続けたが、最後には紙がもらえなくなり、編集会議には陸軍の軍人が軍刀を持って座るようになったと言われております。政府を批判する者はすべて排除され、「お前には大和魂がないのか」と叱責されました。誰も左遷されたくない。「まあいいや、まあいいや」という曖昧《あいまい》な空気のなかで戦争に突っ込んだ。

軍令部総長の永野修身《おさみ》は、「戦うも亡国、戦わざるも亡国、戦わずに滅ぶは民族の魂を失う真の亡国なり」という言葉を残しております。

そしてかつての日本は戦いました。国は本当に滅びました。そのことを私たちは想起すべきだと思います。

周辺事態法で何ができるのか

北朝鮮に対して圧力は加えます。しかし、圧力を加えることによって起こるべきことも全部想定したうえでないと、「圧力を加える」と簡単に口にしてはいけません。一回目の核実験で、いきなり強制措置には入りません。アメリカも、キューバ危機のように、軍艦を並べて洋上封鎖を行なうまでは今の段階では考えていない。したがって、今すぐ周辺事態と認定することはない。

しかしながら、北朝鮮は金正日体制維持のためならば、二回、三回と核実験をやりますからね。中国が何を言ってもやるでしょう。

北朝鮮は中国に対して、「ひどいじゃないか。今、我々はこんなに困っているんだ。それなのにアメリカと一緒になっていじめるとは何ごとか。中国は仲間じゃないのか。

同盟国ではないのか。オリンピックに万博と、わが国が、これだけ困っているときに、楽しそうに騒ぐんじゃない。ふざけるな」と思っていますよ。これが本音ですよ。

中国はこれから先、国家を維持するために、アメリカを敵に回すわけにはいきません。あの大国を維持するのは大変ですよ。人口一三億人と言いますが、実際はわかりません。

一人っ子政策と言っても、それは役場に届けている子供は一人という話であって、届けていない子供が大勢いる。北京や上海はいざ知らず、地方に行けば、子供は働き手ですからね。働いて稼いでもらわないと一家を維持できないんだから。少なく見積もっても日本の人口の一〇倍です。しかも民族は多様、言語も多様。そんな国を維持するのはきわめて難しい。

何とか今まで維持できたのは共産主義のおかげですよ。マルクス・レーニン主義によって「あんたも貧しい。俺も貧しい。みんな平等なんだから仕方ない」と。でもソ連が崩壊して、「どうもこれはおかしい」と気づき始めた。今、北京でマルクス・レーニン主義を信じている人は、ほとんどいませんからね。

そして今、どうなっているのかと言うと、政治は中国共産党一党独裁、経済は資本主義という、世にも稀なる制度を導入しているわけですよ。

中国共産党政府は、国民が選んだものではございません。日本とはそこが違う。

国民は「何かおかしい」と思い始めている。それを逸らすためにはどうするか。「共産党にお任せください。去年より今年、今年より来年。皆さんの暮らしは良くなっているじゃないですか。共産党が皆さんの暮らしを良くします」ということを言っているわけですよね。

したがって、それを可能にするために世界中から資源と食糧を買うわけです。これから先、もっとエスカレートしますよ。

それが一つ。

もう一つは、中国の人民解放軍は、国民の軍隊ではございません。人民解放軍は中国共産党の軍隊でございます。必要とあらば、中国共産党のために、国民に銃を向けることもいとわないのが人民解放軍です。

そして「敵は外にあるのだ」と言う。これは愛国心の裏返しです。一時燃えさかった反日運動でも、「敵は外ですよ。中国共産党が悪いのではありませんよ」ということであったのかもしれません。それで何とか政権を成り立たせようとした。

でも中国は、アメリカを敵に回したら、日本を敵に回したら、立ち行かなくなります。したがってアメリカは中国の足元を見て、「中国さん、しっかり北朝鮮を監督しなさいよ。あんたが責任を持つんだからね」と言って、六カ国協議のお座敷を提供させているわけですね。

だけど北朝鮮は面白くない。

「中国よ、やれるものならやってみろ。もしわが国が崩壊したならば、困るのはお前らだ。国境を越えて難民が大勢行くぞ」という気持ちが北朝鮮にはあるはずです。

これをどうコントロールするかですが、きちんとした経済的な圧力、軍事的な圧力を加えないと、しっかりした話し合いにはなりません。圧力がいい加減なら話し合いもいい加減になる。

支援もいい加減なものであれば、体制を延命させることにしかなりません。支援だって、やるならやる、やらないならやらない。

対話と圧力と言うが、対話も圧力も中途半端であれば何の利益にもならない。仮に、二回目、三回目の核実験をやるとするならば、アメリカは厳しい制裁体制で臨むでしょう。

そのとき、わが国に何ができるのか。

周辺事態法でできることは、まず、アメリカの船に限った燃料や食料や水の補給です。他の国にはできません。そして、怪しい船が日本の担当する海域に来れば、「もしもし、怪しい船さん。止まってくれませんか。中を見せてくれませんか」とお願いをする。「嫌だ、見せない」となれば、「どうぞそのままお通りください」です。アメリカの船、イギリスの船、オーストラリアの船、どこの船かわかりませんが、その船に連絡して、「こういう怪しい船が、あなたの担当する海域に行きましたから、どうぞちゃんと検査をしてください」と通報するだけです。

本当にそれでいいのですか。

どこの国に起きている脅威ですか。どこの国に対して生じている危機ですか。

そのことを私たちはもう一度、考えてみる必要があると思います。

周辺事態とは何か。「そのまま放置すれば、わが国の平和と安全に重大な影響を与える事態」ということです。

ですが、今から七年前に周辺事態法を整備した際に想定したことは、「朝鮮半島で戦争が起こるであろう。北朝鮮が韓国に攻め込むだろう。そして、米韓安全保障条約により、アメリカは韓国の支援に向かうであろう。そのときに、わが国は、何のサポートができるか」ということでした。

それが周辺事態法のコアの部分であります。起こっているのは朝鮮半島有事です。登場するのはアメリカ。そしてアメリカが行使する権限は集団的自衛権です。

今回の事態はどうですか。朝鮮半島有事が起こっているわけではない。

国連決議に基づいて、参加するのはアメリカとは限らない。イギリスも出てくるかもしれないし、オーストラリアも出てくるかもしれない。

使われる権限は何ですか。集団的自衛権ではなくて、国連決議に基づく、一種の集団安全保障ですよ。

登場する国も違えば、起こっている事態も違えば、使われる権限も違うのに、周辺事態法をストレートに使っていいのか。

多分よくないでしょう。

そうだとするならば、新たな仕組みをつくらないと、日本は国際社会のために責任を果たすことにはならないし、日本の危険を回避することもできないでしょう。

それをやるのが政治家の責任じゃないですか。

「とりあえず何かお付き合いをしておこう」という国家が、東アジア地域の平和と安全を守れるとは思わないし、日本の独立を守れるとも思わない。

それをやるのが政治家の仕事であり、わが党の責務だと思います。

解説が必要な憲法第九条

自衛隊とは何か。

「誓いをした人々の集団」だと思います。

その誓いとは何か。

私は自衛官であったことはないが、自衛官の「服務の宣誓」はポケットに入れて持ち歩いています。

そこには何が書いてあるのか。

「事に臨んでは危険を顧みず、身をもって責務の完遂に務め、もって国民の負託にこたえる」とある。

自衛官の皆さんには、子供もいますし、奥さんもだんなさんもいます。しかし、「事に臨んでは危険を顧みない」と誓った集団なんですよ。

ところが、この国には「軍隊」が存在しておりません。

「自衛隊は軍隊じゃないか」と思われる方がいらっしゃいますが、私は本来の軍隊だとは思いません。

見た目は軍隊ですが、中身が違います。

自衛隊は警察予備隊が大きくなったものであり、その本質は警察予備隊そのままです。これは、どんなにF15戦闘機を持とうが、どんなにイージス艦を持とうが、基本的にその性格は警察であって、どこかでその性格を変えないことには軍隊になりません。

普通の国には軍法会議があります。命令に反抗すれば死刑になる国もある。わが国は命令に反抗しても懲役七年くらいです。

したがって、自民党が二〇〇五年に発表した新憲法草案では、軍事裁判所を設けることにしております。自衛隊は「自衛軍」となる。

私は「自衛軍ではなく、『国防軍』、せめて『防衛軍』がいい」と申してきました。自衛隊も自衛軍も「セルフ・ディフェンス・フォース（Self Defense Force）」。同じなのです。

いろんな思惑《おもわく》があって「自衛軍」になりましたが、国民の生命と財産、国の治安を守るのが警察であって、国家の独立を守るのが軍である。

そして基本的に国内法令の執行に当たるのが警察で、国外において国際法に従って活動するのが軍。ですから警察と軍は全く違うものであります。

しかしながら、自衛隊は警察予備隊がルーツでございますので、基本的に警察のシステム、警察の法令を引き継いでおります。これを変えないことには自衛隊は軍にならないと思います。

ついでに申し上げれば、憲法第九条をどう変えるか。

第一項には、「日本国民は、正義と秩序を基調とする国際平和を誠実に希求し、国権の発動たる戦争と、武力による威嚇又は武力の行使は、国際紛争を解決する手段としては、永久にこれを放棄する」とある。

何のことを言っているか、わかりますか。

「日本国民は、正義と秩序を基調とする国際平和を誠実に希求し……」。ここまではいい。

「国権の発動たる戦争と、武力による威嚇又は武力の行使は、国際紛争を解決する手段としては、永久にこれを放棄する」と。

これにはすべて解説が必要ですよ。

「国権の発動たる戦争」と「武力による威嚇又は武力の行使」は何がどう違うのか。

「国権の発動たる戦争」というのは、「最後通牒を突き付け、宣戦布告をして行なう正規の戦争」です。

そうではない「武力による威嚇又は武力の行使」とは何か。

満州事変のように、「最後通牒もなく、宣戦布告もない事実上の戦争」ですよ。

「国際紛争を解決する手段としては、永久にこれを放棄する」とは何か。

これは「侵略戦争はダメだが自衛戦争は認められる」ということです。

すべて解説がいるのです。解説がないと、何のことだかわからない。

何のことだかわからないものを金《きん》科玉条《かぎょくじょう》のごとく扱うのは、私は間違いだと思います。

「九条を守れ」と言う人ほど九条を暗唱できない（笑）。

さて第二項は、もっとわからない。

「前項の目的を達するため、陸海空軍その他の戦力は、これを保持しない。国の交戦権は、これを認めない」と。

「前項の目的」って何ですか。

政府の考えは、「国際紛争を解決する手段としては永遠に放棄したんだが、自衛戦争は放棄していない」と。

「自衛戦争はやれる」という目的を維持するために「陸海空軍その他の戦力は、これを保持しない」と。

もうわけがわからないですね。

「日本国は、侵略の手段としては武力による威嚇又は武力の行使を永久に行なわないことを、ここに厳粛に宣言する」と書けば、ハッキリするじゃないですか。

おそらく一項を残さないと、「集団的自衛権はダメだ」という解釈が崩れるから、一項をそのまま残そうと言われているのではないか、と邪推しております。

日本が世界に果たすべき役割

集団的自衛権とは何ですか。

「わが国は攻撃されていないが、同盟国が攻撃をされた場合、それをわが国への攻撃と見なし、共に反撃する権利」、これが集団的自衛権ですよ。

国連憲章第五一条では、すべての国の自然権的権利として、この集団的自衛権を認めている。日本だけが「持ってはいるが使えない」と言っている。

ですから、わが国が攻撃されたら、アメリカは同盟国ですから条約上の義務として助けに来ますが、「どうぞ世界の皆さん、攻撃されてしまったかわいそうな日本を、集団的自衛権を使って助けに来てください。でも皆さんの国が攻撃されても、わが国は集団的自衛権が行使できませんから、助けることはできません」というわけですよ。

冷戦時代はたまたま東西の陣営のバランスが取れていたから、民族、宗教、領土、政治体制、経済問格差は表に出なかった。冷戦が終わったら、コソボでしょ、湾岸戦争でしょ、イラク戦争でしょ、紛争・戦争が相次いでいます。

これから先はそういう時代ですよ。

そんなとき、「私がやられたら助けてね。でもあなたがどうなっても助けにはいけないよ」という国が、これから世界で生きていけるのか。

このことの答えをしっかり出したい。そう私は思います。

なぜわが国の三沢、横田、横須賀、厚木、岩国、嘉手納、普天間などにアメリカの基地があるのか。私は当然、在日アメリカ軍は、日本の独立と平和のためにも、アジアの地域の安定のためにも必要だと思いますが、なぜこんなに、治外法権のようにアメリカの基地があるのですか。それは、「日本が攻撃されてもアメリカが守ります。でもアメリカが攻撃されたら日本は何もできません」というのが日米安全保障条約だからですよ。不公平ですよね。

その代わりに、「どうぞ、日本の基地をお使いください。日本の防衛だけではなく、アメリカの世界戦略のためにお使いください。わが国は武力の行使としての集団的自衛権は使えませんが、代わりに基地を提供します」ということで日米同盟は成り立っている。

アメリカ軍基地の削減、「アメリカの基地は出て行け」と言う人は、「憲法を改正するか、解釈を変更して集団的自衛権を行使すべき」と言ってもらいたい。

そうでないと理屈が合わないですよ。

でも「アメリカの基地は出て行け」と言う人に限って、「九条は守れ」と言うのですから不思議なものです。

それがない限り、わが国は主権独立国家たり得ないと思います。

核を持てば原発が止まる

「日本は核兵器を持て」と言う人がいます。

しかし、仮に核を持てば、NPT（核兵器不拡散条約）から即脱退です。NPTを脱退するとどうなるか。

日本で採れるウランは純度が低いですから、アメリカを中心とした国々にウランの再処理を依頼している。そのウランを使った原子力発電所で、わが国の電気の四割を賄《まかな》っている。

つまりNPTを脱退すれば、やがて原発は止まります。本当にそれでもよろしいのでしょうか。

それと、核実験をどこでやりますか。どんなにコンピューター・シミュレーション技術が発達しても、一度も核実験をやらないで信頼に足る核を持てた国はありません。

今のNPT体制、アメリカ、イギリス、フランス、中国、ロシアしか核を持ってはいけないという体制、あるいはインドやパキスタンのように「持ったもの勝ち」のような体制は確かに不公平ですよ。

NPTは不公平です。しかしながら、もし日本が核を持てば、「オレも、オレも」という国が出てきて、世界中が核を持つようになりますよ。

世界中が核を持つ世の中と、不公平ながらも限定された国だけが核を持つ世の中と、どちらがよりましか。

私は今の方がまだましだと思います。

世界中が核を持つという悪夢のような引き金を、なぜ日本が引かなきゃいけないのですか。

そして、「核には核でなければ抑止体制は保てない」と言う人がいますが、これはウソです。

何のためにミサイル防衛をやっているのですか。核ミサイルを撃たれても、確実に撃ち落とせる体制を持っていれば、核ミサイルなんて必要ありませんよ。

あるいは、わが国は政策判断として持っておりませんが、精密誘導兵器。敵のコントロールセンターなどを、ピンポイントで攻撃できる兵器。これが今、飛躍的に進歩しています。これは抑止力ですよ。

核に代わる抑止力を今、一生懸命にわが国が持とうとしているときに、なぜ核を持とうと言うのか。私には理解できない。

それよりも、「わが国は本当に何をなすべきなのか」ということを、法制上から、そして運用上から、さらに装備の面から一つずつ検討していくべきだと思います。

自民党では今、毎週、そういう議論をしております。

皆さまにもご理解いただいて、主権者たる国民にそういう情報を広く知っていただいて、最終的に国民が判断する。そういう体制を整えるべきであり、それが歴史を乗り越え、わが国がこの繁栄を次の時代に引き継ぐことにつながる。

そして世界のために応分の責任を果たす。そのための道であろうと、私はかように信ずるのであります。

以上で終わります。ありがとうございました。

日本経済の現状と課題

谷垣禎一

シンクタンク2005・日本「日本政策アカデミー」第五回講演（二〇〇六年一一月六日）

講師＝谷垣禎一（前財務大臣・衆議院議員）

安倍内閣への評価

皆さま、こんばんは。ご紹介いただきました谷垣禎一でございます。日本政策アカデミーでお話しする機会をいただき、大変光栄に思っております。

実は今、杉浦（正健）さんからお話がございましたように、杉浦さんとは、杉浦さんが第一東京弁護士会の副会長をなさっていた時からのお付き合いで、当時、私も若かったものですから、ずいぶんヤンチャなこともしました（笑）。さらに小泉（純一郎）内閣の閣議でも、席が隣でございました。そういう杉浦さんから、「日本政策アカデミーで話をしろ」と言われたら断るわけにはいきませんので、今日、こうして参ったわけでございます。

ところが総裁選挙が終わりましてから、「充電だ」ということでのんびりやってきましたので、「さて何を話そうかなあ」と思いましたら、頭の中が空っぽになっていることに気づきました。ですから、どれだけまとまった話ができるかわかりませんが、最近感じていることをいくつか挙げてお話ししたいと思います。

まず、小泉内閣から安倍内閣にバトンタッチがされまして一ヵ月半が過ぎましたが、支持率も上々ですし、神奈川一六区と大阪九区の衆議院補欠選挙でも両方とも勝ちましたし、大変いい滑り出しではないかと思います。

とりわけアジア外交については大変に見事だと感じております。

総裁選挙のときはかなり激しく安倍さんと議論しましたから、メディアは、私が口を開くと「何か批判がましいことを言うんじゃないか」とことあるごとに期待しているようですが、いいことはいいと言わなきゃいけないと思っております。

衆議院補欠選挙のときも「二議席獲ればコメントは求めないが、一勝一敗なら何かコメントをほしい」と言うんですね。つまり安倍さんに対する批判を求めているわけですが、幸いにして二勝いたしましたから、取材には来ませんでした（笑）。

安倍さんは総裁選挙の最中のいつの段階で、アジア外交、中国や韓国との関係改善を考えておられたのか私にはわかりませんけれども、かなり準備はされていたと思います。

それから国会答弁を聞いておりますと、非常に現実的に物事をご覧になっておられるように感じます。

一部には安倍さんへの期待が変わった方もおられるようですが、現実に首相になられましてから、言葉の重みを意識されて、慎重に発言されて、対応しておられる。そのことを高く評価しております。

タイミングも良かったですよね。

中国で胡錦濤さんに会われた後に、北朝鮮が核実験をした。北朝鮮と一番、話のできる、ある意味で圧力をかけられるのは中国でありますし、もちろん中国も万能ではありませんが、核実験が行なわれたときに、「中国とは何も話をしていなかった」ということになれば、対応も複雑になっていたかと思います。その意味でタイミングが良かった。

さらに六カ国協議を開くということになりましたので、これでまた一歩前進。やはり北朝鮮に対しては、六カ国協議のなかでしっかり対応しなければならないと思います。

核の問題となりますと、これは中国もアメリカも共通の関心事となりますが、拉致問題となるとかなり温度差があります。日本にとっては、やはり国民をあれだけたくさん拉致されたわけですから大問題ですが、しかし、六カ国集まった場で、その温度差をどう埋めるか。これが今後、難しい局面を迎えるかもしれない。

このあたりをどうするか。いくら総裁選挙で戦ったからといって、安倍内閣の「お手並み拝見」とはいきません。

政府と与党が一体となって、しっかりと各国の温度差を乗り越えていくような対応をしていかなければならないわけで、「政争は水際まで」と言いますが、これは自民党の一員として、しっかりと取り組んでいかなければならないと思います。

核保有論議是認論への懸念

それに関連して、中川（昭一）さんが一生懸命に言っておられる「核保有の議論をすべき」ということについて、どう考えるかということですが、「核保有を議論しちゃいけない」というと、いかにもおかしな言い方になるのは私も感じます。日本には言論の自由がありますからね。

それから、「持たず」「作らず」「持ち込ませず」との非核三原則がありますが、これはなにも日本が唯一の被爆国だからという理由だけであるわけではありません。それなりの合理性があって、長い間、日本が基本政策としてきたわけですからね。そういう意味合いというのは、十分吟味しなければならないと思います。

ただ、政治家が使う「議論する必要がある」という言葉は大変含みのある言葉でして、学者やジャーナリストが言う「議論する必要がある」という表現とは必ずしも同じではないわけです。

政治家は文学者と同じで、「言葉の使用の芸術家」でございますから、多義的に「議論する必要がある」という言葉を使っている場合もございます。ですから政治家がそういう表現を使うと、「日本は核武装するのか」と思う方もいるわけです。私はやはり、そういった誤解を生むような表現は避けるべきでないかと思っております。例えば、アメリカの国務長官を務めたヘンリー・キッシンジャーは、どういう言い回しだったかは正確には記憶しておりませんが、「日本は宿命としてそう（核武装）なる」と言ったようですね。

この問題を議論するとき考えるべき点は、私は三つあると思うんです。一つ目はアメリカとの関係、二つ目はアジアとの関係、三つ目はエネルギー安全保障との関係、これらを十分考えなければいけないと思います。

アメリカとの関係で言いますと、アメリカは「核を拡散させない」ということを外交の大きな柱にしていることは間違いないと思います。したがって、日本が核を保有するという議論をするとき、「アメリカとの関係をどうしていくか」ということが整理されなければならないと思います。

そしてアジアにおける緊張ですね。これをどうしていくか。

それからエネルギー安全保障との関係ですが、日本はご承知のように、プルトニウムを持ち、再処理を行なっているわけです。こういうことができるのは、長い間、核の安全利用、平和利用ということで、ＩＡＥＡ（国際原子力機関）の調査も受け入れて、信用をつくっていったからです。それに基づいて原発政策が成り立っているわけでして、ここで核保有の議論をしますと、「日本のエネルギー安全保障の基礎がどうなってくるのか」ということも考えなければなりません。

その意味で、軍事アナリストや学者が核保有について議論するのは結構ですが、政治家はもっと慎重に発言するべきではないかと思います。

アジア金融危機の恐怖

私は総裁選挙のとき、「アジア外交を立て直さなければならない」と盛んに申し上げました。

今日お越しの皆さんのなかにも、中国や韓国、その他のアジアの国々と、お仕事を通じて深いお付き合いをしている方がいらっしゃると思います。

私は小泉内閣で三年間、財務大臣をさせていただいたわけですが、以前も財務省、当時の大蔵省でお仕事をさせていただきました。

小渕（恵三）内閣では、宮沢（喜一）先生が、首相経験者でありながら大蔵大臣をお引き受けになりました。

そのとき、宮沢先生は私に「谷垣君、ついて来い」とおっしゃって、私は政務次官となりまして、大蔵省に参りました。当時はアジア金融危機の嵐が吹き荒れている時でありまして、それを受けて長銀（日本長期信用銀行）、日債銀（日本債券信用銀行）

といった日本の金融機関も破綻した。あれだけ大きな金融機関が破綻しかけているのに、日本はそれに対応する倒産処理の仕組みができていなかったという時代でございました。

少し思い出話をいたしますと、私が政務次官になりまして大蔵省に行きましたのは、長銀が破綻する一九九八年の、八月一日でございました。

私は、この長銀問題が最優先課題と思っておりましたから、すぐに担当の局長に「長銀の現状を教えてほしい」と申しました。すると、「資金繰りはお盆前までは何とかなります」ということでした。八月一日になって、「お盆の前までは何とかなるが、それ以降は全く目途が絶たない」というのです。法体系が整備されていませんから、健全な銀行と合併するしかない。まさに鳥肌が立つような思いをしました。

その後、国会のなかですったもんだがございまして、「野党の案を丸飲みする」ということで、金融再生法等々ができました。それに基づいて長銀を国家管理に移して何とかしのいだわけです。

しかし、やはりアジア金融危機の記憶というのは私にとって大変強烈でございまして、あのとき、IMF（国際通貨基金）総会に参りました際の騒然たる雰囲気というのは、考えただけでも今もって恐ろしさを感じます。

財務大臣となりまして私が事務方に一番に「これだけは俺の在任中にやろう」と言

いましたのが、日中と日韓の財務大臣同士の定期的な会合でした。もちろん財務大臣だけではなくて事務方も含んだものです。予算を担当する者、税を担当する者、国際金融を担当する者がそれぞれ定期的な会合を持つというものです。

なぜこうしたことを考えたのかと言いますと、アジア金融危機に至るまで、韓国とは若干、為替《かわせ》を扱う者同士で時々連絡し合うという体制をとっていたんですが、それも密接なものではありませんでした。

中国とは全くそのようなパイプがなかった。

今は、中国の為替担当者、そして韓国の為替担当者とは毎日、担当者同士で電話で連絡を取りあうというところまで来ていますが、財務大臣同士でもきちんと議論する場が必要だと思い、こういう提案をしたわけです。

これについては、中国も韓国も同意してくれたのですが、そこに至るまでには、かなりの紆余曲折《うよきょくせつ》がございました。

中国は「それが原因だ」とは具体的に申しませんでしたが、率直に言って、靖国神社の問題がそこにはあった。それは間違いないだろうと思います。

ただ中国、韓国だけではなく、ＡＳＥＡＮ（東南アジア諸国連合）とも今後、話しをしていかなければなりません。

アジアの金融協力

アジア金融危機の原因について考えてみたいと思います。今でこそ日本は大変貯蓄率が低くなっていますが、アジア全体で言いますと、この地域はきわめて貯蓄率が高い。ですからアジアは、資金は潤沢にあるということです。でも、その資金はどうなっているのか。

世界最大の構造的な問題はアメリカの双子の赤字に象徴される、いわば不均衡問題、インバランスだと思いますが、今ではその問題は、アメリカと中国との関係になっている。中国、アジア、それから産油国、これがアメリカの双子の赤字を埋めているという状況で、アジアのお金がどんどんアメリカに行って、それがヘッジファンドなどの資金になってアジアに戻ってくる。それが必ずしも実体経済と関係なく、短期で流動していくということがありまして、タイのバーツが一気にその攻撃を受けて下落するということからアジア金融危機が始まった。

したがって、「流動性の危機が起きたときに、まずアジア同士で流動性の危機を克服するためのスワップ、資金をやり取りすることをやろうじゃないか」ということを宮沢先生がお始めになりまして、最初は日本が資金を供給するということでしたが、今ではＡＳＥＡＮ＋３《アセアンプラススリー》（日中韓）の各国の間で、「双方向で流動性の危機があったときには資金の融通をしよう」という枠組みが二年ほど前に完成しました。

アジア金融危機のとき、ＩＭＦというのはどうしてもアメリカ的な論理が強いものですから、アジアではあまり好評ではなかった。

そこで「アジアでもＩＭＦに対応する機関が必要ではないのか」と日本が提唱したのですが、アメリカと中国が反対し、できなかったわけです。

しかしながら、ＡＳＥＡＮ＋３の間で、「もし流動性の危機があったときには資金の融通をしよう」ということで、「アジア通貨基金」、ＩＭＦのアジア版というのは形を変えて出来上がってきています。そして今は中国も、そういったものがきわめて必要であるというような認識になってきています。

それから何か危機が起きたときに、それに対応する体制をつくっておくのも重要ですが、同時に、そういう危機が起きないような体制もつくっておく必要があるわけです。

アジアのお金がグルッと回ってアメリカに行って、アメリカの投資ファンドに使われるだけではどうか。アジアのお金がアジアのなかで投資をされるような形をつくるべきではないだろうか。

そのために「アジアで債券市場を育てていく必要があるだろう」という話もかなり

進展しております。

それからもう一つの問題として、これはどのくらいの時間がかかるかわかりませんし、また海のものとも山のものとも言えませんが、「アジア共通の通貨単位というものが考えられないか」ということを研究する動きがあります。

ご承知の通り、ユーロができる前に、エキュ（ECU＝European《ヨーロピアン》 Currency《カレンシー》 Unit《ユニット》）というものがございまして、ヨーロッパの共通通貨単位ができた。

EUというのは、キリスト教がつくってきたヨーロッパのアイデンティティが背景にあったんだと思います。

アジアではまだ中国も完全に社会主義体制から脱したわけではありませんし、宗教も多様ですから、そう簡単にはいかない。

三〇年かかるのか、五〇年かかるのかわかりませんが、まずは、それが有用であるかどうかを議論するところから始めようということになっております。

したがってアジアの金融協力は、各国ともかなり前向きになってきております。

私は、そういうことを見ておりまして、金融危機というのは起こしちゃいけませんし、起きてはいけないものでありますが、「もし起きたらどう対応していくか」ということは考えておかなければならないと思います。

アジア金融危機のときは、日本が相当頑張ったんだろうと思いますね。韓国の方も、

「日本があそこまで本腰を入れてバックアップしてくれるとは思わなかった」とおっしゃっていました。

韓国とはギクシャクすることも多いわけでございますが、「二度と金融危機は起こしちゃいけない」という共通の認識はあります。

中国経済は今、どんどん大きくなって、金融面でもいろんな問題があるわけで、今度もし起きたら、日本と中国がしっかりと連携を取っておかないと迅速な処理はできないと思います。

もちろん外交、安全保障などの問題については、問題がたくさんあるのですが、こういうこともしっかり念頭においておかないといけないと思うわけでして、これはどなたが財務大臣をやっても、多分、不可逆的な流れではないかと思っております。

官邸主導の功罪

それから内政について申し上げますが、先ほど奥野（信亮）先生が、「官僚に頼るのはやめて、政治家が独自のシンクタンクを持つべきだ」とおっしゃいました。

実は、シンクタンクの件については自民党でも昔から議論をしておりまして、私も二期目の頃に、仲間の代議士とともに努力したことがございますが、結局、簡単に言えば、かつて高度経済成長で大成功した成功体験というものからなかなか脱し切れないという点がございます。

成功体験に頼っていると、お金の流し方も決まってくる。そしてそこに既得権が出てきて、もちろん既得権者が発生する。

族議員というものも、中央省庁と一緒になって、自分たちの権益を守ろうとする。当然、全部が全部そうだとは言えませんが、そういう面があって、なかなか乗り越えられなかった。

橋本（龍太郎）内閣の頃、省庁再編が発案され、経済財政運営も、これまでの司令塔は大蔵省でありましたが、政治主導、官邸主導ということになり、森（喜朗）内閣のときに経済財政諮問会議ができた。

ただ森さんは、これを十分に活用はされなかったと思います。

意欲的なことをしようとしても、当時、財務大臣は宮沢先生でございましたから、首相経験者ということで権威がございますので、宮沢先生が「それは私にお任せください」と言えば、それで終わり。ですから当時の担当者の方は「全く面白くなかった。宮沢さんが一言おっしゃったら、それで終わり」と言っておりました。

そして宮沢さんの次は、小泉内閣で塩川（正十郎）さんが財務大臣になって、総務大臣は片山虎之助さんがなった。

片山さんは、そのまま「虎」で、塩川さんが「竜」に例えられて「竜虎」の戦いと言われ、それは熾烈な議論が展開されました。

その後、私が財務大臣となり、麻生（太郎）さんが総務大臣になりましたから、「だいぶ品がよくなった」と言われました（笑）。

そんななかで、小泉さんは経済財政諮問会議を大変うまく活用され、官邸主導を確立した。これは大きな功績だと思います。それは小泉さんの知恵袋となった竹中（平蔵）さんの力が大きかったのだろうと感じますね。

今、安倍さんが首相になられて、さらにそういった動きが加速していると思います。

政府税調、税制調査会というものがございますね。これは財務省が中心となって税設計を描くものとされてきましたが、政府税調は首相の諮問機関であって、財務大臣の諮問機関ではないんですね。事務局は財務省の主税局で、人選も実際は財務省がしてきたが、安倍内閣になって、そこを官邸主導に切り替えたわけです。それから首相補佐官も充実させて、全体として政治主導の方向を強く打ち出しておられる。

これは私は基本的に結構なことだと思っておりますが、そういう意味ではやはりシンクタンクと言いますか、ある種の専門性をどうやって補っていくかということが非常に重要になってくるだろうと感じます。

政治家が選挙区を回って、そこで得た感覚だけでは、実際には、専門性は担保されない、継続性は担保されない。専門性、継続性を無視するとおかしくなる分野もございます。特に税の分野についてはそれが言えるわけでして、この分野についての専門性、継続性をどう担保していくかということが重要だと思います。

実は私は学生時代から東洋史が好きでございまして、先日、宋《そう》の時代について書かれた本を読んでおりました。

宋の時代、政治をやっているのは科挙《かきょ》で選ばれてきた士大夫《したいふ》でありまして、状元《じょうげん》つまり科挙を主席で通ると、宰相になる可能性が高い、つまり文人優位の体制です。

そして、その地域ごとの行政の実務を担っているのが胥吏《しょり》というお役人たちでして、この人たちが、専門性、継続性を担保していたそうであります。

ところが当時の主席宰相の王安石《おうあんせき》が「胥吏は自分に都合のよい政策しか考えない。胥吏は信用するな」と言って、大変な議論が起きたそうで、今の日本と少し似たような感じがいたします。

今後、どれだけ政治家が衆知を集めて、官僚の知恵だけに頼らず、専門性に耐えられるだけの、継続性に耐えられるだけのシンクタンクを持つ工夫を併せてしなければならないと思います。

安倍内閣の経済財政政策は、「どうやって物事を決めていくか」という意思決定の仕組みは明確になっていると思います。しかし、それが機能していくかどうか。

小泉内閣でも竹中さんを中心に経済財政諮問会議を運営するに当たって、熾烈な闘争があったわけですね。それは皆さんもご記憶にあろうと思います。

安倍内閣において、それが機能していくかどうかは、これからだと思います。予算を組まなければいけない、税制改正も考えていかなければならない。

そのなかにおいて、官邸が中心になって、どのように決着をつけていくかということが今後、重要になってくると思います。

それから官邸主導というものが確立してきますと、だんだん官邸が情報を独占するようになってくる可能性があるわけですね。ですから国会、与党がどう共有し、官邸主導に対して、いかにして政治的コントロールを与えていくかということがきわめて大切だと思います。

金利と成長率の関係

最後に若干、財政について申し上げますが、今、日本の財政は大変厳しい状況にあることはご承知の通りです。

だいたい国と地方を合わせてＧＤＰの一七〇％から一八〇％の債務残高を負ってい

るということですし、そういう状況をいつまでも放置して、子供や孫たちの世代にツケを回していいはずがありません。

それに関連して、小泉内閣が始まりましたのは今から五年半前ですが、小泉内閣が示した大きな財政運営の方針は、「二〇一〇年代初頭に、その年の税金で、その年の政策を受けるようにしよう」という、いわゆる「プライマリーバランスをとっていこう」ということでありました。

つまり一〇年先の財政運営の方針を明確にして進んでいった。

私が財務大臣になりましたのは三年前で、そのとき事務方と話した際、「二〇一〇年代初頭というのはいつだろう」ということになりました。

二〇一三年までは初頭と言えますが、二〇一四年になると初頭とは言い難いと。なぜこういう議論をしたのかと申しますと、「二〇一三年というのはちょっと難しい。二〇一四年まではかかる」と思ったからです。

その後、経済も立ち直ってきて、税収も上がり、無駄な支出のカットも進んで、二〇一一年までにプライマリーバランスを回復することも射程距離に入ってきました。

プライマリーバランスを回復するのは重要なことです。しかしその他に、過去にした借金が雪だるま式に溜まっているわけですので、これはさらに金利を払わなければならないわけです。

竹中さんとは経済財政諮問会議でずいぶん議論をしましたが、竹中さんは「金利よりも成長率が高ければ、借金の雪だるまの比率を小さくしていく運営ができるはずで、全体の日本経済の体力から考えれば金利の比率は小さくなる」というお考えでした。

それに対して、私や与謝野（馨）さんは「それはあまり堅実ではないんじゃないか」と申しておりました。

与謝野さんは、与謝野鉄幹・晶子ご夫妻のお孫さんで、文学的センスをお持ちの方ですから、言葉の遣い方も巧みで、「お父さんが会社の社長を目指して、給料をたくさんもらえるよう努力し、家の借金を返そうと頑張る。だけど、必ずお父さんが社長になるとは限らないから、仮になれなくても借金で家が潰れないように、お母さんは堅実に家計の遣り繰りをする」と例えていました。

今まだ借金は残っておりますし、金利と成長率の関係というのも、固定金利の時代ならいざ知らず、金利は自由化されましたから、成長率が高いということだけに頼るのはどうか。

中川（秀直）幹事長は「上げ潮政策」とおっしゃっていますし、安倍さんも同じようなことをおっしゃっています。私も成長は大切だと思いますが、それだけですべてカタが付くという問題ではないわけで、過去の借金をだんだん小さくする必要もあるだろう、と。

それはやはり若干の財政黒字をつくり出して、借金の穴埋めに使っていくというメッセージを出し続けることが必要ではないかと思っております。そこを意識しておかなければならない。

苦しいときはいつも、「もっとしっかりやろうよ」という話になるんですが、最近少し経済がよくなって、税収も上がってきていますから、「大丈夫じゃないか」という話が出てきているようですので、そのあたりを少し注意しなくちゃいけないということを最後に申し上げて終わります。

ご清聴ありがとうございました。

これからの日本の行方

中曽根康弘

シンクタンク２００５・日本「日本政策アカデミー」第六回講演（二〇〇六年一一月二〇日）
講師＝中曽根康弘（元内閣総理大臣）

政治家は国家像を示せ

今日は、私が時代の流れというものを観察していて、それが「どのように流れているのか」、「それをどうすればよいのか」ということについてお話ししたいと思います。

今、われわれの身の回りで、いろいろな問題が起きている。

皆さんが一番心配しているのは、おそらく子供たちによる殺人事件でしょうね。子供が親を殺す、親が子供を殺す。これまで夢にも思わなかったことが毎日のように新聞に載る。

一方においては、知事が次々と逮捕されるという事態が起きている。福島県、和歌山県、そして宮崎県でもくすぶっている。そういう権力の不祥事が起きている。

今、よからぬところに日本が動いてきているのではないか。そういう感じがしている。大きな流れが渦巻いて、日本では、一個人の力を超越して、とても抗することのできない運命的な流れが起こってきている。

それは前の時代の人間がつくったもので、一番責任があるのが政治家ではないかと思います。

言い換えれば、自民党時代、あるいは自民党が倒れ、細川（護熙）内閣ができたあたりまでの日本のいろんな諸作用が固まって、相互作用をなして、流れ流れてここまで来たのではないか。

今の政治家の責任というよりも、われわれの時代の政治家が先見の明を持ってしっかりやってこなかったからではないかなと思う。

その意味において、今の政治家に必要なのは、時代の流れを洞察して、一人だけの力、あるいは政党だけの力ではとても世の中を変えることはできないが、いい方向へ一歩でも進む、「一隅を照らす」と。そういう懸命な努力が必要だ。

それには国民の皆さまのご理解も得なければならない。

一番大切なことは何かと言えば、今の政治家が自分の信念を明確に国民の皆さまの前に示して、国家像、それに基づくこれからの日本の路線について、自分の理想を述べ、それを実現するための施策を訴えること。それが必要な時期に来ている。

このまま私たちがノンベンダラリと過ごしておれば、日本が転落することは必至であると考えておるわけであります。

安倍内閣に期待すること

小泉（純一郎）内閣が終わり、安倍（晋三）内閣ができました。

これは大変によいことだと思っております。

ここで大きな日本の転換が期待される。安倍君にすべてはできないが、二割から三割はできる。

大切なのは国家像を示す、国家路線を示すこと。憲法や教育、そしてアジア外交という重大な課題もある。

残念ながら小泉内閣のアジア外交は0点。あるいはマイナス。これを「どうやって挽回していくか」というのは大変重要である。

小泉時代の政治は傍流、あるいは部分的なものに力を入れすぎて、政治の本流、政治の政治たるポイントが抜けていた。郵政やら道路は一生懸命に取り組んだが、憲法や教育、他にも社会福祉、安全保障、外交は放置しました。

特に外交であります。

一番いい例が、国連安保理常任理事国選挙に立候補した。あのとき、実はASEAN（東南アジア諸国連合）、アフリカの票が、たくさんもらえると思っていた。ASEANやアフリカには相当、ODA（政府開発援助）を出している。従って今までの国連関係の投票では日本を支持してくれた。

ところが、あに図らんやASEANから入ったのはシンガポールの一票だけである。アフリカからはほとんど入っていない。日本の国際的地位は今やガタ落ちになっておる。ASEANやアフリカは中国になびき、日本は軽視されている。

こういう状況を考えてみると、郵政や道路だけに力を入れて、政治の本流を疎《おろそ》かにしたのが前政権、それを「本流に戻そう。憲法改正、教育基本法の改正を正面から捉えよう」という熱情を持っているのが現政権。安倍君は「五年以内に憲法を改正する」と言っているが、それができるかどうかは別にしても、それだけの姿勢を示した。これが救いである。

そういう国家の主体性、国家像のあり方、その工程管理表を明らかにして、国民の皆さまと一緒になって取り組む。

これが今度の内閣の課題であると考えられるが、いずれにしても、そういう路線について私は、強力に支持したいと思っているのであります。

日本政治の三つの転換点

過去五〇年の自民党の歴史を振り返ると、三つの大きな転換があった。

第一は、佐藤（栄作）内閣が「非核三原則」を決定したということです。

この非核三原則を国是として決めたということはどういう意味を持つのか。

「日本は核武装をしない。アメリカに頼る。必然的に日米安保条約は必要である」ということ。

すなわち非核三原則がある限り、日米安保条約を続けざるを得ない。もし非核三原則を破棄したならば、日米安保条約の改廃も必要になるということである。

つまり日米安保条約というものは、見渡す限りの将来、必要なのである。

しかしアメリカは、共和党政権から民主党政権に替わる可能性もある。すなわち、これまでの日本との関係に多少の変化が出てくるかもしれない。

だが日米安保条約を破棄することはない。日本を核で守ることは民主党政権でも同じ。しかし中身の強弱は、よく見ておかなければならないと思うわけであります。

第二は国鉄（日本国有鉄道）の民有化を断行したことです。これで国鉄労働組合は崩壊し、同時に総評（日本労働組合総評議会）も崩壊した。そして総評が崩壊し、社会党が潰れた。

社会党が社民党に変わった今、国会議員の数は一桁程度。だから国鉄の民有化というのは、単なる合理化として片付けられるものではない。

私は「日本の政治システムの基本的な部分に手を付けてやろう」と思ってやった。国鉄は三木（武夫）内閣の頃、ゼネストをやりましたね。あのとき、私は自民党幹事長をしていて、「ゼネストをやるなら勝手にやれ」と言った。三木さんと労働大臣の長谷川峻さんは、何とか国鉄労働組合と妥協してゼネストを止めさせようとしたが、幹事長の私と自民党副総裁の椎名（悦三郎）さんは、ともかくゼネストを思いっきりやらせた。

そして、とうとう八日間頑張ったら向こうがゼネストを止めた。国民が怒りますからね。足が止まるわけですから。

その翌日、私は総務会を開いて、損害賠償請求を決めた。ゼネストで止まった汽車を全部調べ上げて、計算して、二〇二億円の損害賠償請求を国鉄労働組合に出した。これが非常な重荷になった。

それで首相になったときに、国鉄の民有化ということを真剣にやった。これはゼネスト対策の延長線であります。

つまり社会党が潰れたということは、日本の政治システムが大きく変化したということになる。

第三は、冷戦が終わったということ。これは、外国ほど日本は影響がない。なぜなら日本の周辺には北朝鮮や中国という共産圏国家があるから。東北アジアにおいては、冷戦状態は消えていない。ヨーロッパでは完全になくなった。

第四は、小選挙区制の導入です。

これによって政治が大きく変化した。それを最大限に活かしたのが小泉君だ。ある意味で成功を収めた。

小選挙区制になると、政党は一つの選挙区で一人しか立てられない。つまり政党と政党の喧嘩になって、メディアが追いかけるのは、党首と党首の論争です。

だから、昨年（二〇〇五年）の総選挙は、自民党の小泉君と民主党の岡田（克也）君の論争。刺客が入った選挙区は別にして、メディアが注目するには党首同士の争いだ。

今までの中選挙区制では、同じ政党のなかでも争いがあった。だから有権者は、その政党を支持していても、どっちの候補者を選ぼうかと、演説を聴きに行った。

ところが小選挙区制になったら党首論争、しかもテレビでしかほとんどの有権者は見ないから、結局、テレビ操作のうまい人が勝つ。つまり劇場型ということ。

これを見て取った小泉君の先見の明は鋭い。上着を脱ぎ捨て、クールビズだった。一方の岡田君は、ネクタイを締め、スーツを着ておった。

それで勝負あった。

つまり「見る選挙」になった。「考える選挙」じゃなくなった。つまり印象派の選挙だ。

そういう劇場型選挙になった大きな要因は小選挙区制にある。そして集団が崩壊したのです。

冷戦崩壊後の日本

小泉君は、総裁選挙で「自民党をぶち壊す」と言った。これは過去一〇年間の自民党が漂流しておって、ろくな実績を挙げてこなかったからだ。

一九五五年に自民党が結成された際の綱領の中心は、占領政策からの脱却、自主憲法の制定である。

五五年体制と言って、社会党が右派と左派が統一したものだから、自民党も「負けてはならん」と保守合同した。その後、ずっと自民党が政権を獲ってきた。

そして冷戦下において、アメリカ体系とソ連体系と、第三勢力体系という分布図が世界の政治においてもできた。

自民党はアメリカ体系で、社会党はむしろソ連体系。

こういう分布図がはっきりすると、社会党を支持する国民が非常に少なくなる。

アメリカと講和条約を結んだ。提携することで、民主政治とともにアメリカの膨大な市場と特許権を手に入れた。それによって日本は、思い切って高度経済成長に向かうことができた。

このアメリカの市場と特許権を手に入れたことが高度経済成長の要因にある。

では、なぜ自民党が政権を維持し続けたのか。

それは失われた国権の回復をした。言うなれば、占領政策の是正。

鳩山（一郎）さんは、日ソ交渉をやって日本を国連に入れた。シベリアから六万人の同胞を帰国させた。

岸（信介）さんは、日米安保条約を平等条約にした。

池田（勇人）さんは、日本を高度経済成長に導いた。

佐藤（栄作）さんは、韓国との国交を回復して、沖縄を取り返した。

田中の角（栄）さんは、中国との国交を結んだ。

このように自民党というのは、国権の回復に向けて、一生懸命やったものだ。これは占領政策の是正だ。これを国民が支持した。

私は「戦後政治の総決算」を掲げて、戦後、バブルで膨張した行財政を縮減する、プライマリーバランスを回復する、国鉄以下の民有化を断行する、サミットでの日本の発言権を強める、防衛費のＧＮＰ（国民総生産）一％枠を破るといったことをやった。

ところが冷戦が終わると、米ソの体系が崩れて、世界の国々は、自分の力で生きなければいけないということになる。

みんな己のアイデンティティ、ナショナリズムを探そうとする動きが俄然出てきた。

それ以来、世界はナショナリズムの時代になった。

ヨーロッパはEUをつくって、アメリカに対抗する共同体を構築して、貨幣まで統一した。イラク戦争にはフランス、ドイツ、ロシアは兵隊も出さない。アメリカに対抗するヨーロッパ人の根性ですね。

ロシアはエリツィン、プーチンが出てきて、ピョートル大帝の真似をやっておる。

中国は江沢民時代に、反日でナショナリズムが高揚された。あそこは共産主義で維持できているのではない。ナショナリズムで維持できている。この間までは反日ナショナリズムだ。

アメリカでは同時多発テロ事件が起きた。あのとき、彼らは烈火のごとく怒って、「テロをやっつけるためには、アメリカ的世界観、アメリカ的民主主義を広める以外にない」という考えに立って、アフガニスタンに兵を出し、イラクに兵を出した。ユニ・ラテラリズム、アメリカニズムの感が強い。

こういう形で冷戦後は、ナショナリズムの時代に入ったわけだ。

そのなかで日本は、自民党時代の制度疲労が出てきて、腐敗が起きて、自民党が分裂して連立政権時代に入り、約一〇年間に一〇人の首相が出る。ナショナリズムを言うどころではない。

経済はどうかと言えば、バブルが崩壊して、護送船団方式が崩れて、不況が長引いた。

社会はどうかと言えば、教育が崩壊して、犯罪が激増した。

一〇年間、日本は漂流した。

その間、世界の国々は、ナショナリズムで立ち上がった。

それに国民の皆さんが気づいて、森（喜朗）内閣ができたときに、「首相を談合で決めてはならん」として、自民党の支持者はそれまで固まっていたのにバラバラになって無党派層になった。

そういう状態を察知して、「自民党をぶち壊す」と言ったのが小泉君だ。これは異常なほどの先見の明を持っておる。

結局、これは大衆を操作するポピュリズムだ。劇場型で、ワンフレーズ・ポリティクスで、テレビ・パフォーマンスをやる。そういう能力は一〇〇点だね。

それが成功して支持率も上がった。

選挙も勝ち続けた。

でも、その間に何か大きな空洞が日本にできた。しっとりとした、もう少し重いものが消えていった。

それを直そうと、安倍君が憲法改正、教育基本法改正と、統治権の中心を持ち出したわけだ。私はいいことをやっていると思う。

でも成功するかどうか、実行力が伴うかどうかはわからない。これからの勝負だ。

今、「一隅を照らそう」と努力をし始めている。この方向がいいか悪いかは国民の皆さんの判断だ。

自民党という集団が解けて無党派層ができた。したがってポピュリズムで大衆を操作した。小泉君の髪型が変わらない限り、彼の支持率は維持できると私は思っていた（笑）。

でも安倍君には、そういう特徴がない。小泉君のような悪人染みたところがない。だが、ある程度、時間をかけて自分の目的を果たそうとする姿勢は持っている。だから、できるだけそれを実行してもらいたいと思っているわけです。

国家の命運を決する時

二〇〇七年、二〇〇八年は、国家の命運を決するような大事な時期だ。

二〇〇七年四月に統一地方選挙、七月には参議院議員選挙がある。民主党は小沢（一郎）君が代表になった。勝敗はわからない。

今度の参議院議員選挙での自民党の改選数は六六人。今から六年前、小泉君が登場して最初の選挙だ。

三年前の参議院議員選挙は四九人。

私が首相のときは七二議席を獲った。

今までのケースで見ると、六六議席獲るのは難しい。これを何とか突破して、五三以上は獲らなければならない。

そのための戦略を十分考えなければいけない。そうしなければ、いよいよ日本はどん底に入っていく。

二〇〇七年秋には税制改正をやらなければならない。消費税率アップも取り入れることになるでしょう。七月までは、選挙があるから、そんなことは一言も言わない。でも九月になれば、そういう話が出てくるでしょう。

そうなると二〇一一年にプライマリーバランスを回復できる。つまり国家の財政運営については、行政経費は税金でカバーできるようにする。そのための公債は出さない。そういう方策で国債を減らし、景気をよくして、税の自然増収を多くする。

しかし、それがやれるかどうか。

二〇〇八年には北京オリンピックがあり、アメリカ大統領も替わる。

韓国大統領もそうだ。中国の胡錦濤さんも任期満了。

台湾の陳水扁さんも国民党に負けるかもしれない。

日本を取り巻く国々のトップが代わる時に入っている。

そのような重大な段階に入ってきているわけです。

二〇〇七年、二〇〇八年は日本の前途を占う時だ。その意味で安倍君にはしっかりやってもらわなければならない。

政治をやるうえで、一番重要なことは何か。

一本、しっかりした背骨を持ち、崩れないことだ。

「これだけはやる」という信念、「絶対にやり通す」というものである。

そういう強さを持たなければならない。

別にあれもこれもという必要はない。一つ、「これだけは譲れん」というものがあれば、国民は支持してくれる。

安倍君は憲法改正。

憲法も、いよいよ政治日程に入ってきた。

自民党も新憲法草案をつくったが、あれは急いでつくったので、非常に中身に欠点が多い。

今度、憲法審議会を自民党につくったが、そこでもう一度見直して、国会に上程する。そうやって出直す予定です。そうなれば国会に憲法の特別委員会ができるでしょうね。

ともかく、そういう一本太いものを持って、取り組まなければいけませんね。

今後のアジア外交

それからアジア外交については中国との関係をどうするか。言い換えれば米中関係のなかで日本がどう動くかということである。

中国は、日本がドアを閉めている間に、アジアやアフリカに手を回して、影響力を急増した。ＡＳＥＡＮと中国、韓国、日本の三カ国で、「東アジア共同体をつくろう」と提唱してきている。

日本も小泉君が賛成演説をした。

しかし、これに心配しているのはアメリカだ。

「このままだと、東アジアは中国に牛耳《ぎゅうじ》られちゃう」と。

「日本は何をやっているんだ」とアメリカは思っている。

日本はそこで二〇〇五年一二月に一三カ国の東アジアサミットの他に、日本とオーストラリアが提唱して、東アジア首脳会議を設定した。ＡＳＥＡＮ一〇カ国に日中韓の三カ国、さらにインド、オーストラリア、ニュージーランドを含めた一六カ国だ。

これに日本が力を入れた。

つまり首脳会議と共同体とが競っているわけだね。これをどう調和を取るか。

一方、中国はロシア、カザフスタン、キルギス、タジキスタン、ウズベキスタンで構成する上海協力機構（SCO）というものをつくった。これにパキスタン、モンゴル、インドがオブザーバーとして参加している。イランも入りたいと言っている。

中国の周辺国が中国との協力を強化している。これをどうするか。

ASEANとアフリカ以外に中央アジアを、どう日本と提携協力するか。

そういったようにアジア外交は、中国との競り合いが目の前にある。この戦略を立てなければいけない。

これは中国とよく話し合いをすることが大切である。東アジア共同体をつくるにしても中国と韓国のトップと、よく話し合いをしなければならない。

でも小泉君が首相のときは、それができなかった。それが一番の小泉君の欠点だ。安倍君が首相になって、北朝鮮が核実験をやった。これに一番ショックを受けたのは中国だ。

中国はおそらく、アメリカに対して「北朝鮮は、われわれが抑えているから大丈夫だ」と言っていたでしょう。ところが金正日は、言うことを聞かない。これで中国の面目は丸潰れ。だから中国は制裁にかなり強力に賛成した。金融制裁措置も軽くではあるがやっている。石油も一時止めた。

腹の中では「金正日はとんでもない男」と中国は思っているだろう。これはアメリカも同じ。

私が首相だった時代でもそうであった。

「あの国は、なかなか言うことを聞かないんですよ」と中国首脳にも言われた。中国とは、お互い戦争はしないのだから、物事を相談で解決していく。東シナ海の油田も、近隣政策も、小競り合いをしないで、トップ同士が話し合いをする。

これは対極的に見て大切なことです。

鄧小平さんは『『解決しない』という解決方法もある』と言いました。うまいことと言うね。

私が首相のとき、胡耀邦さんとは兄弟みたいに仲良くした。そして四原則をつくった。それは「平和友好」「互恵平等」「相互信頼」「長期安定」。それまでの三原則(「平和友好」「平等互恵」「長期安定」)に、「相互信頼」という言葉を加えた。

そういう原則の下で、物事を協力的に進めていく。お互いに協力を頼むこともたくさんある。中国は日本に、工業技術やエネルギーや農村開発といったような、求めるものがある。

江沢民さんのときは反日政策が基準で、中国のナショナリズムを固めた。これは世界的現象。

でも胡錦濤さんは、日本に協力を求めようとする姿勢を持っている。かなり前に進んできている。

これを小泉君の靖国神社参拝が妨害しておったわけだ。

安倍君は、これについて「行くとも、行かないとも言わない」とした。

そして中国との関係を克服して、韓国も入れて、定期的に三ヵ国でトップ同士の首脳会談をやるべきだと思う。これは不可能なことではないと私は見ている。

これは日本外交の成功につながると思う。

その代わり、お互いが自国の長所を出し合って助け合うということが基本になければいけない。

日本は大国でも中国は一流の大国とは言えない。人口と労働力だけが大国なんであって、科学技術も一人当たりのGDPもまだまだ。そういうことを見れば、日本の国民も政治家も自信を持てるはずだ。

日本が主体性を持って、将来を見据えていく。これが日本の進む道だし、アメリカも希望していると思う。

もう一つは、アメリカと日本と中国とのトップ同士の首脳会談を定例化する。

こういうことをやることで、東アジアに安定感が出てくる。

これを進めるべきだ。日本の政治家はもっと野心的になってよい。

新しい時代の流れ

もう少しお話ししたいが、時間が来たので、そろそろ終わりますが、やはり政治をやってみて、一番大事なことは「本質を掴《つか》む」ということだと思いますね。掴んだら死に物狂いで、それを継続してやる。「本質を掴む」ためには、歴史観と世界観をしっかり持たないといけない。言うことは簡単だが、実際は、それが必要。

われわれの世代は戦争に行っている。田中角栄も中曽根も。そしてアメリカ占領下の屈辱に耐えて、いろいろやってきた。

次の世代は竹下（登）。この世代は多少、占領政策も知っているし、戦前の苦労も見ているから、少なからず歴史的な感覚がある。

だから日本をあれだけ上昇させて、世界第二位の大国にしたのは復員軍人ですよ。戦争をやった頃の勢いで、そうさせた。

私が首相の頃の各省の事務次官もそう。海軍の二年現役士官が相当いた。

ところが、その次の世代は、完全に「六・三・三制」の教育、日教組（日本教職員組合）の影響を受けた。それが今も続いている。

これが続いているから、家庭が崩壊している。なにせ、親も教師も、みんなそういう教育を受けているから。

最初に言ったように、時代の流れを覆すのは難しい。

でも、今の状態を直すには、みんなで時代の流れをつくっていかなければいけない。

新しい時代をつくらなければいけない。

これを国民の皆さんに呼びかけるのは政治家の仕事である。

以上、少し時間がオーバーしましたが、これで終わります。

新政権下の政局展望

森　喜朗

シンクタンク２００５・日本「日本政策アカデミー」第七回講演（二〇〇六年一二月一一日）

講師＝森 喜朗（元内閣総理大臣・衆議院議員）

本会議場の座席

こんばんは。森喜朗です。

国会の本会議場の座席は、当選回数で前から順番に並んでいます。年齢や過去の経歴も関係ありません。東京大学総長出身でも、新人議員であれば、一番前です。ですから私も初当選したときは、「いつになったら、あの後ろの方に座れるのかなあ」と思っておりました。

一回の総選挙で当選してくる新人議員というのは多くて四〇名、平均して三〇名くらいなんです。ですから当選三回から四回で、ようやく真ん中の通路に差し掛かるんですね。

逆に、宮中に行ってみると大変面白いんですよ。宮中での祝宴、座席が用意してある祝宴では、当選回数なんて一切関係ありません。すべて年齢順なんです。

私が自民党の幹事長のとき、小沢一郎さんが新進党の幹事長でした。年齢は彼の方が四歳若いんですが、真ん中の席よりずっと下座の方におりまして、他の若い諸君が、「えっ、小沢幹事長、こんなところにいるんですか」なんて言いながら、軽蔑したような目で見ておりました（笑）。

座席というのは難しいですね。最近の宴席では円テーブルが多いようで、あまり上下は関係ないようですがね。

それともう一つ、本会議場で面白いのは、近頃の若い諸君はカバンを持って歩くんですね。

これまで本会議場は一切の携帯物は持ち歩くことは禁止されていたんです。私なんかは、何でもかんでも背広のポケットに入れるのですが、若い諸君は、すべてカバンの中に入れて片時も放さない。女性はハンドバックをファッションとして持ち歩きますが、「女性のハンドバックはよくて、男性のカバンはダメだ」となれば、差別になってしまう（笑）。

ただ一番怖いのは、そういう中に爆発物を持っていたときですね。小さいものでもドカンとやれば、大変なことになる。そういう心配をしていたものですから、昔は一切、本会議場には持ち込めませんでしたが、最近は随分、甘くなってきたようです。

私が首相を辞めた五年前、本会議場の座席は一番後ろで、そのときは中曽根（康弘）さんと宮沢（喜一）さんが座っておられました。

嬉しいような惨めなような複雑な感じでしたが、中曽根さんは「おい森君、ここだよ。よろしくね」とおっしゃって、宮沢さんも「森さん、隣ですよ」とおっしゃった（笑）。

ただお二人は私よりも二〇歳ほど年齢差がありますから、「お二人の席に座るには、まだ二〇年はかかるなあ」と思っておったら、小泉（純一郎）さんが、お二人を切っちゃった、可哀想に（笑）。

そうしたら龍ちゃん（橋本龍太郎）しかいないわけです。

「森ちゃん、二人だけになっちゃったね」って言っておられました（笑）。ところがその橋本さんも亡くなられた。

やっと最近になって小泉さんが隣に来ました。

あと私より上は二人しかいない。当選一六回の海部俊樹さん。この方は、しばらくの間、浮気旅行をして自民党に戻って来られた。もう一人は当選一四回の河野洋平さん。今、衆議院議長ですから無所属ですね。

その次が当選一三回の私であります。

私が初当選したのが昭和四四年（一九六九年）。当時は佐藤栄作首相、田中角栄幹事長、自民党だけで同期生は四四名です。その後、沖縄が返還されて二人が加わりまして四六名になった。

特色ある人が多かったですね。ハマコー（浜田幸一）さんもそうですよ。

ところが今、自民党に残っているのは私だけになりました。

この間までは、綿貫（民輔）さんがいた。他に、小沢一郎、羽田孜、会津弁で有名なワダナベ・コンゾー（渡部恒三）先生ね（笑）。この三名はもともと民主党でしたが、綿貫さんも国民新党に行っちゃったもんですから、結局、自民党に残ったのは私だけになっちゃった。

あっという間に一番後ろの座席に座ることになりましたね。

この先は、三途の川か谷底か知りませんが……（笑）。

それから私の前の席は当選一二回ですね。小泉君は首相経験者ですから私の横に来ておりますが、加藤紘一、山崎拓、野田毅、瓦力がいる。瓦さんは今、体をこわしておりますし、野田さんは野党暮らしが長く、加藤さん、山崎さんは、いろいろとこれまで問題を起こしてきた。あまり言えないけどね、ちょっとオーラがない（笑）。

そしてその先は、当選一〇回、一一回。ここが壊滅的打撃を受けたんですね。亀井（静香）さんとか平沼（赳夫）さんがいた。平沼さんは今、自民党であって自民党ではないような形ですね。ここも弱い。

さらに当選九回まで行くと、中川（秀直）さんがいる。

一番前は、新人がいっぱいです。八三名だ。こんなことは珍しい。その要因は、やはり小選挙区制にある。小選挙区制というのは回転を早くする。

ですから若い政治家がどんどん出てくるが、「えっ、あの人、政治家なのかなあ」と思うような人も大勢いる。

「この人たちは一体何のために政治家になったのかなあ」って思いますよね。新人の若い諸君は次の選挙のことしか考えない。政治家なら当然、次の選挙のことは考えますが、そのことをあからさまに口に出したり、顔に出したりするような人は、今までの政治家にはいなかった。「武士《もののふ》の心」がありましたからね。そんなみっともないこと言わなかった。任期中に何をするのか。その任期中の評価を次の選挙で受けるわけですね。

選挙は「一回だけの国との契約」

それから、あの「料亭に行きたい」と言った彼と、私の給料は実は同じ額なんですね（笑）。

彼は当選して一年ちょっと。私は三七年ですよ。曲がりなりにも首相もやった。ところが給料は同じ。それはどういう意味かと申しますと、選挙というのは一回きりの契約なんですよ。年功序列ではなく、一回ごとに国と契約するんです。

議員年金についていろいろ揉めましたけれども、別にそれがほしいわけじゃないんです。

昔は政治家になるというのは大変名誉なことでした。就職という認識ではなく、

「国家のため、国民のため」という気持ちで、名誉を重んじながら政治家になった。たまたま報酬がもらえるということです。

だから何期務めても給料は上がらないんです。

ところが昭和三〇年代頃から、だんだん社会党の人が増えてきた。彼らは労働組合の幹部たちです。全逓（全逓信労働組合）、国労（国鉄労働組合）、動労（国鉄動力車労働組合）、日教組（日本教職員組合）、自治労（全日本自治団体労働組合）の委員長。そういう委員長が国会議員になると、委員長ポストを辞めなきゃいけないわけですね。彼らはサラリーマン的な意識が強いですから「退職金がないなんておかしいじゃないか」と言うわけですね。

それで一〇年経ったら年金を付けるというシステムをつくった。一〇年というのは、参議院議員の任期が六年ですから、「せめて二期は務めないとね」ということで、そうなったんですね。

いつだったか、みのもんた君の朝の番組に出たんですね。TBSの「みのもんたの朝ズバッ！」だったかな。彼とは親しいんですが。

「絶対に彼は年金のことを聞くだろうな」と思っておったら、「ねえ、森さん。年金のことなんだけど……」と言うもんだから「ほら来た」と。

そこで、「でもね、みのさん。あの『料亭に行きたい』と言った彼と、私の給料は同じなんだよ」と言ったら「えーッ」ってビックリしていましたよ（笑）。

山中貞則先生という鹿児島の国会議員がおられました。あの方はなんと五〇年も務めた。五〇年務めましたが在職中に亡くなりましたので、今まで積み立ててきた年金はもらえないんですよね。三塚（博）さんもそうでしたね。現職で亡くなるともらえない。哀れな身分なんですね。

ではなぜ政治家をやるのかと申しますと、それはやはり一種の心意気なんでしょうね。国家国民のために働くという。

そこを今の若い諸君は理解していないと感じます。

政治家は決断と判断が重要

まあ、復党がいいか悪いかと言うと、いいとは言えませんわね。例えば、皆さんの会社なんかでも、社員が商売仇のところに移って、その後、「悪うございました」と言って戻ってきても、再入社させませんよね。普通の企業ではあり得ない。

自民党で言えば、やはり一度離れれば、戻るべきではないんですよ。

しかし問題は、「どういう理由で自民党を離れたのか」ということですね。

でも、今の幹事長の中川さんも昔、新自由クラブにいた。

国会対策委員長の二階（俊博）さんも、小沢君にくっついて、新生党だの新進党だの何とか党だのをグルグル回って自民党に戻ってきたんですよ。

衆議院議長の河野洋平さんも自民党を出て新自由クラブにいた。

参議院議長の扇千景さん。彼女も自民党を出て、宝塚の舞台を渡り歩くように転々とした（笑）。

衆議院議長も参議院議長も生粋《きっすい》の自民党じゃないんですよ。

防衛庁長官をやった石破（茂）君なんて、六回も七回も政党を替えていますからね。転々とした方が出世が早いんですかね（笑）。

それから、わが派の小池百合子さん。あの方は最初、日本新党ですよ。私が通産大臣のときなんて、彼女に質問されて手こずったんですよ（笑）。それがいつの間にやら自民党に来て、環境大臣までやった。確か留任しましたよね。そして今度は、安倍（晋三）君が首相補佐官にしたでしょ。

今の自民党には、きれいごとを言って「お前ら戻って来るな」なんて言える人はいないんですよ。

復党させればいいんですよ。そのままにしておけば反自民になるんですから。

衆議院は過半数ありますが、参議院は公明党と一緒になってなんとか過半数なんですよ。非常に不安定な状況にあるわけです。ですから、「安倍さんと一緒にやりたい」

と言うなら、「それじゃあ仲良くやりましょう」でいいんですよ。「一筆書け」とか言うと、何となく体面が傷つきますよね。

しかも郵政だけですよ。何か不埒《ふらち》なことをしたとか破廉恥《はれんち》なことをしたというわけではない。一つの政策の考え方が違うだけで、ばっさり斬られ、選挙区に刺客《しかく》を立てられた。しかし、結果として勝った。

郵政には反対したけれど、有権者は選んだんです。

そして当選してすぐ今度は郵政に賛成した。

本人としては恥ずかしいと思いますよ。でも自民党に戻りたいという一心で首班指名でも安倍さんに投票した。ここまでやったんですから、やはり寛大な気持ちがあってもいいのではないかと私は思いますね。

政治家というのは、決断と判断が大切なんですね。それがうまくいったかどうかは結果として付いてくるだけです。

私はラグビーをやっていましたからね。どんなスポーツでもそうですが、例えば野球でも、「ヤツはさっき、ストレートで空振りした。よし今度は慎重に来るだろうから変化球を投げよう」といったような判断があるわけですね。

私はラグビーでスタンドオフをやっていましたから、「スクラムから出てくるボールを、どこに投げるか」ということを絶えず考えているわけです。

「もう時間がない。三、四点負けている。なんとかトライしたい。そうすれば逆転できる」となれば、もうすべてを懸けるしかない。いろんな判断を考える。スポーツ選手というのは、いつも瞬時の判断を迫られる。政治家も同じです。

村山内閣誕生の舞台裏

私は自民党が野党のときの幹事長でした。いい経験をしたと思います。

自民党には幹事長経験者がたくさんいる。中曽根さんも福田さんも田中さんも、みんなやっている。

でも、野党時代の自民党を与党にして、継続して幹事長をやった。与党と野党の幹事長をしたのは、今、日本の政治家の中で、私と小沢一郎さんだけしかいないんです。でも小沢さんは与党を野党に、この森は野党を与党にした人ですからね（笑）。全然、中身が違うでしょ（笑）。

だいたいこの話をすると、みんな拍手をするんだけどね……（笑）。

そのときのお話をします。

私は社会党の委員長を首相にしたんですよ。あのとき、自民党総裁の河野さんも知らなかった。ほんの数人で画策した。「これしか手はない」と思ったからです。

あのとき、自民党は政治改革を怠ったと、国民の皆さんからの批判を受けていた。もっとも、小沢さんたちが裏切って自民党を離れたんですがね。ですから自民党に対して「政権を獲れ」という国民の声はなかった。でも政局が大変混乱していました。細川（護熙）内閣、羽田内閣と、ガタガタになっていた。

そこで「この政局を、どう収拾すればよいか」を考えた。

自民党は野党とはいえ第一党で、社会党は第二党だった。幸い社会党は、他の野党と基本政策でソリが合わないのではなくて、小沢さんの政治的手法が気に入らないということで、まず菅（直人）さん、鳩山（由紀夫）さん、武村（正義）さんらの新党さきがけが細川内閣から出られた。

そして社会党も「小沢さんの強権的、強圧的なやり方にはついていけない」として出られた。

「これはチャンスだ」と思ったわけですね。

そこで村山（富市）さんを担ぐわけですが、そんなことを大勢で相談していたら絶対にダメになりますよ。

「社会党の委員長を首相にしたいんだけど、どうだい」なんて言うと、「ダメだ」と言う人の方が多いに決まっていますからね。

だから相談しなかった。

最後に「この政局を収拾するため、党の総裁と幹事長にご一任いただきたい」ということを、自民党の総務会という最高意思決定機関に諮《はか》って了承を取った。

そうなれば何でもできますよ。

私はいよいよ首班指名の前日、党首会談の席上、社会党の村山さんに「あなたを指名したいんですが、いかがですか」と言いました。

そして最終的には強行した。

本会議が始まる前の両院議員総会で、そのことを伝えた。

もう怒号の嵐ですよ。

私に一番盾突いたのが武部（勤）さんですよ（笑）。

「幹事長、あんた頭狂ったんですか」って（笑）。

でも結局、開会のベルが鳴って、雪崩《なだれ》を打つように本会議場に行った。

ところが第一回目の投票では過半数を取れませんでした。

そして四〇分後、もう一度投票をして村山さんが指名されたんです。

これで自民党は実質的に政権与党に戻った。「大変なことをやらかしたなあ」と思いましたよ。

一一ヵ月間の辛く暗い野党生活でした。

でも私は「村山さんというのは凄い人だなあ」と思いました。

社会党は自衛隊を憲法違反とし、日米安保条約も認めていなかった。ですから、ここをメディアや諸外国は注目していた。

いよいよ本会議が始まりまして、「小沢さんたちは、どう攻撃してくるかなあ」と心配していました。でも村山さんは私に「まあ安心して任せていてください」とおっしゃった。

すると村山さんは自衛隊を認め、日米安保条約を評価した。自民党席は拍手喝采ですよ。

終わって私は首相官邸に参りまして、「ありがとうございました。よくぞあそこまでおっしゃってくださいました」と申し上げましたら、「当たり前のことじゃよ」とおっしゃった。

そして「社会党の皆さんには了解を取っているんですか」と言いましたら、「そんなもん取るもんか。相談したって賛成半分、反対半分じゃ。相談しない方がいいんじゃ。森さん、あんたもオレを首相にすることを、自民党の皆さんに相談しなかったじゃろう。同じことじゃ」と言うんですね。

そこで、「でもその結果、社会党でのあなたの立場が危うくなるんじゃないですか」と申しましたら、「日本国内閣総理大臣の椅子と、日本社会党委員長の椅子と、どっちが重いかっちゅうことじゃのぅ。日本社会党委員長の椅子なんて大したことないんじゃ。日本国内閣総理大臣の椅子の方が遥かに重いんじゃ」とおっしゃった。

それ以降、社会党から反発が出るようなことはありませんでした。

あのままの状況で社会党もいれば、今のような無様な姿にならなくてすんだんですね。ところがその後、再び土井（たか子）のオバサマに代わって、「ダメなものはダメなのよ」なんて言って、「自衛隊は憲法違反だ」なんだかんだと様変わりして、今、社民党となった。五、六人しかいないでしょ。

あれは土井さんが悪いんですね。女性というのは一度思い込んだから、なかなかお変わりになれないんですね（笑）。

まあ私は別に自分の手柄をお話ししているのではなくて、今回の復党については、安倍さんは彼らを入れたかったんですよ。入れるつもりがないのなら、最初から「入れない」って言いますよ。

大将が「入れる」と言ったら執行部はそれに従わなくちゃいけないんです。

村山首班指名のときに中曽根さんが造反しましたが、私は軽い処分にしかしませんでしたよ。他の造反した人も、訓戒、戒告の程度ですよ。

郵政と比べれば首班指名の造反の方が重いですよ。郵政民営化なんて大した話じゃないですよ。

この中で「復党してよかった」と思う人、手を挙げてください。

「復党しちゃいかん」と思う人、手を挙げてください。

ほら、「復党しちゃいかん」なんて人、ほとんどいないじゃない。

そんなもんなんですよ。

トップが判断したらそれをやるんですよ。

今回の復党問題は、安倍さんにとって、かえって悪い方向に行ってしまったと思いますね。

でもまあ、支持率も低下しましたが、そんなに気を悪くすることはない。

森内閣と比べれば遥かに高いじゃないか（笑）。

しかも支持率で政治が左右されるというのは問題じゃない。その内閣で何をやったかが大切なんですよ。

深まる地方の疲弊

改革は大事ですが、改革によって疲弊することもあるんですね。

経済の構造改革も、時代に合った新しい企業はどんどん伸びます。しかしそれは、長い間経済の中心を担っていた企業と交代することになるんですね。

その象徴的なのが、建設業者でしょうね。いわゆる公共事業を担っていた企業ですね。

建設業というのは、こんなこと言っちゃいかんかもしれないが、「机と電話があればできる」と言われています。ですからどんどんそれに便乗して、真似をして、建設会社ができて、みんなで税金の山分けをしようとする。それが談合ですね。

でも、もうそういう時代じゃないんですよ。頭の切り替えが必要なんですね。ＩＴとか医療、福祉とか、新たな産業が出てきている。

ですから小泉さんは改革を求めた。でもそれによって疲弊する人も出てくる。小泉さんは、その人たちに目を向けてこなかった。

そこの問題を安倍さんはわかっている。他の問題でも同じです。

でも小泉内閣の官房長官でしたから、あからさまに反対はできなかったんですね。

しかし首相となってすぐ中国と韓国を訪問しました。

これまでの小泉さんのスタイルで外交をやると、中国と韓国との関係は、ますますおかしくなると判断したからですね。

安倍さんは圧倒的な支持で首相になった。

今だから言えることですが、福田（康夫）さんへの期待もジワジワと上がってきて、経済界の方からも「森さん、やはり福田さんで調整できませんか」と言われた。

でも国民は安倍さんを選んだ。安倍さんの方がカッコいいもんね。

福田さんは大学の教授みたいでしょ（笑）。

今の日本社会は、テレビで政治が左右されますよね。

「麻垣康三」さん、という麻生（太郎）さん、谷垣（禎一）さん、福田さん、安倍さん。これ、誰が決めたんですかね。誰も出馬表明していないのに、勝手に候補者にしちゃった。それを決めたのはマスコミでしょ。

つまりテレビに一番出ている安倍さんになっちゃうんですね。

麻生さんも結構出てくるけど、ニュース中心のNHKはあまり面白くない（笑）。

「それはですねえ」とかなんか言って……（笑）。

それで結局、安倍さんの方がスマートですよね。お顔つきも博多人形か加賀人形のような東洋的な感じだ。あのような癒《いや》し系がいいんですね。今でもヨン様が人気でしょ。それに近いんですよ安倍様は……（笑）。

そして最近の癒しの顔は早稲田実業の斎藤佑樹投手ですよ。「ハンカチ王子」だね。

私は今、日本体育協会の会長なんですが、兵庫県で国体があった。いつもは野球だけが有料なんですが、今年は阪神淡路大震災のときの感謝を込めて無料にした。これが逆効果になっちゃって、二日も前から斎藤君を見るために長蛇の列になった。

「これじゃあ有料にしておけばよかったなあ」と思いましたね（笑）。

つまりあのような癒し系がいいんですね。

まあそんなことで、最後になって福田さんが追い上げてきたのは、やはり経済界。それは「このままの日中、日韓関係が続けばマズイね」ということですね。

それから地方もそう。あるアンケートでは福田さん支持が多かった。それは結局、「安倍さんと小泉さんは一体だから、小泉さんの手法でやられると地方は潰れる」と思ったからですね。

ですから安倍さんは首相就任と同時に、国家のために国民のために中国と韓国に行った。

小泉さんは国家も国民も大切だけれども、自分の信念は絶対大切なんですね。そこが違うわけですね。

マスコミから言わせれば、「改革の方向を変えるのか」となります。そこが安倍内閣にとって辛いところだと思いますね。

しかし問題は、この年末の予算編成です。

東京だけがよくなっていいわけはない。よく東京選出の国会議員は「地方は東京のカネばかりを使う」と言いますが、そうでしょうか。

「高速道路なんていらない」と言いますが、そうですかね。高速道路を止めたらどうなりますか。杉並も世田谷も三多摩も車の洪水になりますよ。

だから圏央道で、東京郊外の都市と都市を結んで、東京に車が入らないようにしているんですね。

あの道路をつくるのに何十年もかかった。

じゃあ「地方は東京のカネばかりを使う」と言いますが、東京は地方から何を持ってきていますか。電力を持ってきていますでしょう。食もそうでしょう。水もそうでしょう。それから人材もそうでしょう。

ですから「東京だけがよくなればそれでいい」という考えでは日本全体が弱くなるのは間違いないですね。

そういうこともある程度、考えていかなければ、均衡ある発展はありません。

そのことを安倍さんは本気で取り組んでいけるか。それが来年（二〇〇七年）の参議院議員選挙で、どう判断されるか。そこが大きなポイントになります。

曖昧になった「選択の基準」

私は今、参議院議員選挙のことが心配なんです。

昔はわかりやすかった。自由主義社会と社会主義社会です。アメリカか、ソ連や中国か。これが選択の基準だった。

ですから「自民党の人たちは嫌いだけれども、やはり社会主義は嫌だ」という人は自民党に投票した。その反対もあった。

今は違いますよね。共産党や社民党もありますが、実質的には自民党か民主党の選択ですよね。

では自民党と民主党は何が違うのか。何も違いはないんです。

自民党は今、公明党と協力しておりますから、「亜流自民党」ではなく、やはり公明党の意見も聞かなければならない。

しかし民主党も、そのメンバーのほとんどが自民党から出て行った人ですし、しかも旧社会党の人もいる。これではなかなか一つにまとまるのは難しい。

ですが、これも二大政党制を敷いていくためのプロセスだと思うんです。アメリカの共和党と民主党、イギリスの保守党と労働党のように、激しいネガティブキャンペーンをやっても、いざ「自国のためには」というときは、心が一つになる。

日本ではかつて、北朝鮮を「北朝鮮」と呼んだら、社会党は怒った。文面に書くときは、「北朝鮮（朝鮮民主主義人民共和国）」としないといけなかった。でもそのときも、既に日本人の拉致が行なわれていたわけです。

それに対して社会党は何も言わなかった。今になって騒いでいる。

その意味で日本も大きく変わったんだと思いますが、自民党であれ民主党であれ、そう大きくイデオロギーは違わない。

何が違うかと言えば姿勢です。

そして選挙区における人と人との比較ですよ。どちらが信頼が置けるか、どちらが能力があるか、どちらが格好がいいか。あるいは、どちらの顔がいいか。

そうなっているわけです。

民主党にだって、自民党の公認がもらえなくて移った人もいます。自民党にも民主党から逃げてきた人もいる。

みんな同じ考えですよ。

つまり、その時々の風によって変わるんですよ。

参議院議員選挙は、都道府県選挙区と比例区がある。選挙区の定数は、一人区もあれば二人区もある。東京選挙区は四人から五人区になった。減ったところもある。

ただ二人区は、自民党と民主党は一人ずつ立てて分け合う。三人区は自民党と民主党と公明党で占める。差がないんですよ。ただ自民党と公明党は連立政権を組んでおりますから、自民党にとってはプラスですね。

それから東京選挙区。これまでは四人区でした。ここでは民主党が二人、自民党と公明党が一人ずつでした。「なぜ自民党が一人なのか」と申しますと、公明党を追いやらないためです。友党として一人しか出さなかった。

しかし今度は五人区になる。そうなると二人出します。それは共産党に取られないためです。

いずれにしても複数の定数の選挙区は、そう与党と野党は変わらない。

何で変わるのか。

それは一人区です。

私のところの石川は一名。富山も福井もそうです。こういうところは自民党が有利に思われがちですが、そんなことはありません。

これまで一人区は二七選挙区あったんですが、小泉さんが首相になられた直後の参議院議員選挙では、なんと自民党は二五勝二敗だった。

ところが平成一六年の参議院議員選挙では、小泉総裁－安倍幹事長だったのに、自民党一四、民主党一三だった。

比例区は平成一三年の選挙では、二〇議席獲った。

一六年では一五議席に減って、逆に民主党は二一議席も獲った。

ですから、このあたりがなかなか難しい。

中川幹事長が心配しているのは、「今回の復党騒ぎで安倍内閣の支持率が落ちたことによって、それが比例区に影響するんじゃないか」ということなんですね。

しかし一人区は何が何でも勝たないといけないわけですから、やはり復党していただかないと、その選挙区は勝ち得ない。

その判断が復党につながった。

ですから安倍さんが「候補者の差し替えもあり得る」と言ったのは、一人区を気にしておっしゃっているわけなんですね。

なかなかこれも難しいですね。各支部が決定したことですから、これに本部が口を出すと、逆のリアクションが起きるかもしれない。

いずれにしても公認をもらった人は一生懸命戦わなきゃならんわけですね。

小選挙区制で変わった選挙のスタイル

いずれにしても長年、自民党にいて、悔しい思いもしましたし、辛い思いもしました。ですが、自民党ほど真面目《まじめ》な政党はない、これほど柔軟な政党はないと思います。

中選挙区時代は、一つの選挙区に二人も三人も自民党の候補者が出ましたから、自民党の支持者の方はよく考えたうえで選別できた。ところが小選挙区制になってから、支持者の方は、候補者は嫌いでも、自民党だからという理由で投票せざるを得なくなった。

私は若い諸君に、「地元に帰ったら、後援会のみんなの前で歌でも唄え」と言う。

私なんかは、そんなこと言われたら、田端義夫か藤山一郎かディック・ミネだ。その辺の歌なら大丈夫ですよ。

でも今、若い諸君は、そんな歌知らないでしょう。

この前、中国に行ったものだから、蘇州の話をみんなにした。そこで「おい、『蘇州夜曲』って知っているか」と聞いたら、誰も知らない。知っているのは年寄りだけでしたよ（笑）。

渡辺はま子さんの歌です。

渡辺はま子さん、知っていますか。

おお、知っている人多いねえ。優秀だねえ（笑）。

ところがカラオケで、こんな古い歌ばかり唄っていたら、若い人たちは「何なんだ」って思うわけですよ。

ですから古い歌から新しい歌まで知っていないといけない。

私なんかは、新しい歌といっても、北島三郎か舟木一夫ですよ（笑）。

それじゃいけない。ＳＭＡＰも唄えないといけない。そこまで唄えて初めてみんな応援してくれるんです。

小選挙区制というのは、そういう難しさがある。キャピキャピしている女の子だって一票あるんだからね（笑）。

小泉さんが首相のときの選挙なんか、渋谷の駅前は凄かったですよ。「キャー、純ちゃん、純ちゃん」って（笑）。だから私、そう言っている女の子に聞いてみた。「この選挙、どこの政党に投票するの」って。そうしたら「何の選挙ですか？」って言うんだから……（笑）。選挙なんて関心ないんですよ。

ただ「純ちゃん、純ちゃん」ですよ。今は『晋ちゃん、晋ちゃん』だ。ですから、そういう人も引き付けないといけないわけですね。

今日の日本政策アカデミー、あまり政策的な話はしませんでしたが、お集まりの真面目な皆さんには、ぜひ会社の中で、自民党のよき理解者をつくっていただきたい。こういう話を有名な学者や評論家が話せば、ウン十万取られる。森喜朗はタダですからね（笑）。

ぜひ会社で五人でも、六人でも自民党のことを知りたいという人がいれば、いつでも「森、出て来いよ」と言ってください。必ず行きますよ。そういう努力によって、自民党の理解者を増やしていかないといけないんです。

自由主義社会と社会主義社会の選択という形ならば、そんなことをする必要はないんですが、今はそうじゃないんです。

自民党も民主党も同じような感じですからね。
ですから中川幹事長が安倍内閣の支持率を気にするのは、そこにあるんです。
「筋を通す」と言いますが、私は筋より「情」なんです。
筋というのは「筋道」、「道」なんです。「道」とは「心」です。
剣道は「剣の心」、柔道は「柔らの心」、華道は「華の心」、茶道は「茶の心」。
ただ筋と言っても、やはり「筋道」を通していかねばならない。
どうぞ皆さん、「筋道」を通して頑張ってください。
そして自民党をしっかりと応援していただければと思います。

小泉改革の成果と今後の日本経済

竹中平蔵

シンクタンク2005・日本「日本政策アカデミー」第八回講演（二〇〇七年一月二九日）

講師＝竹中平蔵（元総務大臣・慶應義塾大学教授）

小泉さんは最高の上司

皆さまこんにちは。ご紹介いただきました「民間人」の竹中平蔵です（笑）。民間人と申しますのは、私は五年五ヵ月間、小泉（純一郎）首相の下で大変貴重な経験をさせていただいて、その間、杉浦（正健）先生にも助けていただきました。大臣になる前にも、学者としていろんなところでお話をさせていただいておりました。日本の社会というのは大学の先生に対して「好意」と「敬意」を持っております。ところが大臣になった途端に「悪意」と「敵意」に変わりました（笑）。

今日は「好意」と「敬意」とは言いませんが、少なくとも「悪意」と「敵意」は持たないで聞いていていただきたいと思います（笑）。

先ほど杉浦先生が「小泉さんというのは凄い人だ」とおっしゃいましたが私もそう思います。六年前に小泉さんから大臣のお話をいただいたんですが、そのとき、「もう自分は逃げられない」と思いました。私は学者という仕事を誇りに思っておりましたが、「ここは何をおいても馳せ参じなければならない」と感じまして、今から考えれば大変無謀な決断だったと思いますが大臣を引き受けました。

最初は三ヵ月か六ヵ月と言われておりましたが、結果的には五年五ヵ月の長期政権になりました。

私は小泉さんというのは最高の上司であったと思います。

皆さんも組織のなかで長年お仕事をされておりますので、いろんな上司と接してこられたと思いますが、やはり上司というのは、言うことが明快である、ハッキリした指示を出す、そして言ったことはブレない、そういう上司が理想でして、小泉さんはまさにそういう方でした。

そして私は大臣になった直後から日誌を付け始めました。

これまではそういう几帳面《きちょうめん》な性格ではなかったのですが、どんなに疲れていてもパソコンに向かって一日の反省の意味も込めて日誌を書きました。

そうしましたらA4用紙で三〇〇ページを超えまして、それを本にまとめました。

『構造改革の真実――竹中平蔵大臣日誌』（日本経済新聞社）というものでして、そちらにお持ちの方がいらっしゃいますので、ちょっと掲げていただけますか。ハッキリ申し上げて面白い本だと思います（笑）。

もちろん守秘義務はございます。この銀行にはこのくらいの不良債権があるとかね。しかしながら、できるだけ忌憚《きたん》なく国民の皆さんに知っていただきたいと思い、この本を出しました。

私と小泉さんとの個人的なやり取りも書いてあります。ですから「ここまで書いてもいいのかな」と思いまして、出版前に小泉さんのところに原稿をお持ちしてお見せしましたら、「わかった。読むよ」とおっしゃいまして、二日後に「いい本だ」と、ワンフレーズで答えが返ってきました（笑）。それで安心しまして出版させていただいたわけでございます。

実は先日までダボス会議に出ておりまして、昨日帰ってまいりました。

今年（二〇〇七年）のダボス会議は、基本的に経済、特に長期的な問題、気候変動ですとか環境エネルギーといったことがテーマになりました。これは健全なことでございますが、日本に対する世界の関心というのは大変高いんです。

そのなかで安倍（晋三）内閣が今後どのような方向に向かうのかということについて、いろんな方々から質問が出ました。これは当然だと思います。

相対的には日本の経済が一時よりは小さくなったとは言え、世界経済のなかで一二%か一三%のシェアを持っています。そして今の日本のマーケットはそこそこ潤っていますけれども、これは外国人投資によるものが非常に大きいわけですね。日本に対して投資をしている外国人たちは、日本の経済がどのような方向に向かうのかということに当然のことながら関心を持って見ております。

その意味で、しっかり総括をして現状の経済をお話ししたいと思います。

郵政民営化に向けた決断

まずは、小泉改革にまつわるエピソードを申し上げたいと思います。

二〇〇三年六月のことです。この年の四月末に株価が底を打ち、五月にりそな銀行に対する公的資金注入をし、私たちはその時点で不良債権問題に関しては「必ず成功することができる」という確信を持っていた時期でございました。

もちろん竹中バッシングは続いておりましたが、政策を担当する者として「必ず日本経済はいい方向に向かう」ということを小泉さんとも話しておりました。

六月、私は小泉さん、そして秘書官も一緒に、赤坂プリンスホテルの地下にある「李芳」という中国料理レストランで夕食を取ることになっておりました。ところが小泉さんは遅れてまいりまして、席に秘書官を置いて、すぐ私を連れて奥の厨房の中に入っていきました。そして業務用のエレベーターに乗りまして、二〇階の部屋に入りました。

するとそこには民間出身者で、現在は政府の要職に就いておられる方がいらっしゃいました。日銀総裁、郵政公社総裁、中小企業金融公庫総裁もおりました。

「忌憚なく、今後の改革について話し合いたい」というのが小泉さんの思いでした。

この二〇〇三年に、小泉さんは一気に改革のアクセルを踏んだと私は見ております。会議は和気藹々《わきあいあい》と進んでいきましたが、小泉さんは目の前にいる日本郵政公社の生田（正治）総裁に「生田さん、あなたは最初で最後の郵政公社総裁になる」とおっしゃったんです。このとき、私は「ついに来るべきものが来た」と思いました。

生田さんは二〇〇三年に総裁に就任し、二〇〇七年三月三一日までが任期なんです。つまり、二〇〇七年四月一日には郵政公社がなくなるということです。すなわち民営化するということです。

このとき、小泉さんは期限を示して郵政民営化を明らかにした。それは隣にいた私に「民営化に向けた準備をしろ」という指示でもあったわけです。

これは当然やらなきゃいけない。

このとき、リーダーの「パッション」という言葉が脳裏に思い浮かびました。パッションというのは溢れる情熱。外国の要人も小泉さんに会うと、「あのパッションは凄まじい」と言います。

やはりパッションがないと大きな改革はできません。必ず反対する人が出てくるわけですから。そういうパッションを感じた瞬間でした。

でも、パッションだけでは物事は動かない。

二〇〇七年四月というのは実は絶妙なタイミングなんです。

あれだけの大きな組織を民営化するには最低でも二年の準備期間が必要です。一年では無理です。

ですから逆算すると二〇〇五年には法律を通さなきゃいけない。つまり公社法をなくして郵政民営化法にする。実際、法案として国会に提出したわけですよね。

しかし、参議院で否決されて総選挙になった。

二〇〇五年に法律を通そうと思ったら、少なくとも二〇〇四年には法律の骨格が決まっていないといけない。それを考えると、二〇〇三年の夏ぐらいから議論を始めないといけないのです。

小泉さんが二〇〇三年六月にその指示を出したというのは当たり前と言えば当たり前ですが、しっかりと先のことを見据えて、計画を立てておられたというわけです。

そしてその翌週、小泉さんのところに参りまして、第一にスケジュール確認をしました。「こういう流れでいいんですね」と申しましたら、「そうだ。二〇〇四年には法律の骨格を決める。二〇〇五年には何としても法律を通す。やってくれ」と言われました。

そして第二に「ぜひ首相直轄でやってください」と私は申し上げました。

なぜか。道路公団民営化に関して、いろんな批判がありますが、私は内容的にはあれでいいと思うんですけど、国民から見ると若干イメージが悪かった。

それは道路公団民営化委員会の事務局が実質、国土交通省の官僚が中心で、プロセスを牛耳《ぎゅうじ》られていたからなんです。ですから猪瀬直樹さんなども委員会内部で大変に揉めて、結局、委員長が辞めるという事態が生じた。

もう一度申し上げますが、まず大切なのはリーダーのパッション。これに加えて、政策というのは細かい法律行為の積み重ねなんです。この細かい法律行為が首相の目の届くところにないといけない。

そう思いまして小泉さんに「首相直轄で」と申し上げたわけです。小泉さんはおっしゃいました。「わかっている」と。

この一言が、郵政民営化を実現するための最大の一歩であったと思っています。つまり政策というのは、非常に細かい法律が網の目のように絡んでいるんです。ですから一本でもその糸が切れたらすべてがガタガタになるんです。官僚はそのことをよく知っていますから、どんなに大きな政策を掲げても骨抜きにできちゃうんです。そうならないためにも私は「首相直轄で」と言った。そこでしっかりと基本方針を決める。しかも経済財政諮問会議でやる。つまり旧郵政省の息のかかったような委員会でやってもダメなんです。

私は小泉さんにそのことを申し上げたら、「よし諮問会議でやろう」とおっしゃって、実際、そうしました。

もう一つ、法律を誰がつくるのかということです。法律というのは文言一つでいくらでも内容が変わるんです。

英語で「authority《オーソリティ》」という言葉があります。これは「権威」あるいは「当局」という意味です。「authority」は「author《オーサー》」から来ている。つまり「書く人」。何を書く人なのか。「法律を書く人」なんです。つまり「法律を書く人」が大きな力を持ってしまって、「authority」「権威」という意味になった。

ですからこの法律を旧郵政省につくらせてはならない。

結局、内閣官房に郵政民営化準備室をつくって、首相直轄のところで法律をつくったんです。それは同時に法律を国会に提出するときの提出者、答弁の責任者は、旧郵政大臣や総務大臣ではなくて、郵政民営化担当大臣であるということを意味していたんです。

そのことをまず小泉さんにご納得いただいたわけです。

リーダーのパッション

改革をやるには三つの要因が必要だと思います。

一つ目は「リーダーのパッション」で、二つ目は「戦略は細部に宿る」ということ。

そして三つ目は「国民のサポート」。国民のサポートがないと、なかなかこれだけ大きな改革はできない。

五年半、小泉さんと一緒に仕事をして参りましたが、このパッションというのは本当に凄かったですね。この郵政民営化をすることが決まったときの情熱もそうなんですが、もう一つあります。

それは二〇〇四年。郵政民営化の基本方針というものを経済財政諮問会議で決めたんですね。そのなかで「絶対に分社化しないといけない」としました。金融と輸送と郵便を一緒にやっている会社なんてないわけです。三菱東京ＵＦＪ銀行が宅急便をやっちゃいけないんです。これは世界の金融の常識なんです。しかし郵政公社はやっているんです。

ですから民営化は必然的に分社化もついてくる。それが条件なんです。

ところがそれに対して旧郵政省の関係者は大反対だったんです。「郵政ファミリーを分断されたくない」という思いで大反対した。経済財政諮問会議でも、ある大臣が露骨に大反対したんです。

基本方針をまとめるに当たって、最後、「今週の金曜日には決めなきゃならない」というときの月曜日の夜。この日、小泉さんから何回も電話が来ました。

「今夜中に必ず同意を取り付けてくれ。同意しないなんてあり得ないんだ」という指示が来ました。どういうことかと申しますと、「同意しないとクビを切る」ということです。首相は人事権を行使することを決めたんですね。

このニュースはすぐに官邸からメディアに流れました。おそらく意識して流したんだと思います。

そうすると何が起こるかと申しますと、昨日まであれだけ大反対していた人が「それでいいよ」となるんです。これがまさにパッションですよ。

そのとき、小泉さんは他にも、経済財政諮問会議のメンバーの入れ替えも私に指示していたんです。

それだけ何が何でもやり抜こうとしていたわけです。

小泉さんの迫力というのはそういうところにあるんですね。

同じようなことが法律の議論をしている最中にもありました。衆議院を通過する前のことです。

自民党がどうしても総務会を通すために、最後の最後で修正案を出してきたんです。

そして党の幹部がやってきて、小泉さんと直接に話をしたんです。

二〇〇五年四月の末でした。

私は事前にどういう要求が来るかキャッチしておりましたので、党の幹部がやってくる一〇分前に小泉さんのところに参りまして、「これだと改革にはなりません」と申し上げました。

そして、いよいよ党の幹部との対決です。

党の幹部は、いろんな要求をするわけです。それを小泉さんはジッと聞いておりました。

そして最後に、「わかった。もしこれが気に入らないのなら否決しろ。あとの責任は全部私が取る」とおっしゃったんです。

この一言で、全員が何も言えなくなりました。つまり、この瞬間に「絶対に郵政民営化の枠組みは動かない」ということが明確になったんです。

ですから、こういう経緯を踏まえていくと、もし参議院で否決されたら衆議院を解散するなんて当たり前なんです。

それでも「衆議院は解散できない」と言っていた人がいたなんて私は信じられない。はっきり申し上げて政治的センスが全くないとしか言いようがない（笑）。私はそう思います。

戦略は細部に宿る

それから「戦略は細部に宿る」ということですが、実は日本の政策専門家と称される方は、まだこのあたりを十分に理解していないんです。

私は二〇〇二年に金融担当大臣を命じられまして、「何が何でも不良債権処理をやろう」と言いました。

そうすると、それまで「早く不良債権処理をやれ」と言っていた評論家たちは、手のひらを返したように「そんなことをやったら日本経済が大変なことになる。竹中のハードランディングは日本経済を壊す」と言い出したんですね。

猛烈な竹中バッシングでした。

そのなかで、当時、八・四%が不良債権だったんです。全債務の一二分の一が不良債権だった。

こんな状態で日本経済が成長するはずがない。

そこで、不良債権を二年半で半分にするという計画を立てて、「金融再生プログラム」、いわゆる「竹中プラン」をつくってバッシングに遭った。

さてここでクイズです。

「金融再生プログラム」の中身って何だったのでしょうか。

覚えておられる方、いらっしゃいますでしょうか。

別に知らなくても何ら恥ずかしいことではありません。先日、新聞記者が集まったとき、彼らに同じクイズを出したら誰も答えられなかった。

なぜ答えられないか。

それは「当たり前の細かいこと」を決めているからなんです。これが重要なんです。「戦略は細部に宿る」というのは、まさにそのことなんです。

詳しく申し上げれば、「当たり前の細かいこと」を六つ挙げたのが「金融再生プログラム」であったと私は理解しております。『当たり前の細かいこと」を六つ申し上げますと時間がなくなりますので、代表的なものだけを言います。

まず、「債権の評価」。

不良債権かどうかを判定する際の基準ですね。これは市場価格で判断するわけです。市場価格で判断する限りは、ディスカウント・キャッシュフローというやり方で評価するのが普通なんです。これは不動産を評価するときの収益還元法と同じですね。

つまり、その資産がどれだけの収益を生み出すことができるかという将来にわたる流列を現在価値で割り引いたもの。それが資産の価格になる。当たり前ですよね。

ところがそれまでの金融庁のガイドラインでは、これが普通の方式なんだけれども、「そうでなくてもいいよ」という抜け穴を使っていたんです。

そこで、「これはおかしいから、ディスカウント・キャッシュフローにしよう」と言ったんです。そしてやりました。

でもこれだけではダメなんです。

それで、ディスカウント・キャッシュフローを計算する際の割引率もガイドラインで決めて、それを検査マニュアルにも書いたんです。ここまでやらないと誤魔化されるんです。

それから資産の査定というのは銀行がやるんです。金融庁がやるんじゃありません。金融庁の役割というのは後からチェックすることなんです。

査定する人とチェックする人の評価が違っても全然おかしくない。でも評価が違いすぎるんです。

そこで「どれだけ差があるかを見せて、マーケットに評価してもらいましょう」と言いました。誰も否定できない。

さらに言えば、銀行の多くはこれまで公的資金の注入を受けていました。公的資金の注入を受けるに当たっては「経営健全化計画」を出しているんです。

ところがその通りにいかないんです。計画と実際が乖離《かいり》しているんです。

そこで「例えば三割以上乖離している場合には何らかの行政処分をすべきじゃないか」と言いました。

そしてやりました。

全部当たり前のことなんです。当たり前のことをしっかりやったから不良債権はなくなったんです。

そのときの一つが「繰り延べ税金資産」の問題でした。当時、「繰り延べ税金資産」なんて誰も知らなかったですよ。自民党のなかで議論をしても知っている人はほとんどいなかった。今でもいないと思いますけどね（笑）。

「繰り延べ税金資産」とは、いわば税金の前払いなんですね。前払い税金の資産計上について、アメリカでは上限があったんです。ところが日本にはなかった。「これに上限を設けた方がいい」ということだったのですが、大変なバッシングが集まったんですね。

しかしバッシングは「繰り延べ税金資産」だけに集まって、他の五つのプログラムは注目されなかったものですから、他の五つは順調に進めることができた。「どうか他の五つには気が付かないでほしい」と思っていたら、その通りになりました（笑）。そして、この「繰り延べ税金資産」については、金融審議会でもう一度検討するということで、ある意味で妥協したんです。

新聞各紙の反応が面白かったです。私たちが最初、「金融再生プログラム」を出したとき、新聞各紙は「ハードランディングだ。けしからん」とガンガン非難したのに、今度は「竹中妥協。骨抜きプランだ」と言った。

私はこれを「五勝一引き分けだ」と記者会見で言いました。つまり他の五つがすべてクリアできた。これで必ずや効果が出ると思いました。

ただし、その効果が表われるのが一年後か、三年後か、それはわかりませんでした。うまくいけば半年後くらいには出てくると思いましたが、「ダメなら私が責任を取ろう」と考えていました。

私は小泉さんというのは、大変な信念を持っておられたんだろうと思います。何と半年後に効果が表われた。

半年後に、りそな銀行の公的資金注入が行なわれて、小泉さんの強いスタンスを示すことに成功して、同時に、その頃の決算で不良債権比率が確実に減っていることが確認できたんです。

当時、八・四%あった不良債権比率を二年半で半分にするための計算をしていたんです。「半年間で〇・八ポイントずつ下がっていけば、目標は達成できる」という計算をしていました。

最初の半年間で〇・八ポイントではなく、〇・九ポイント下がったんです。この時点で、「必ず成功する」と思いました。

いずれにしても「戦略は細部に宿る」んです。これをどのようにコントロールできるかが、改革の一番重要な点であることを強調しておきたいと思います。「戦略は細部に宿る」ということについて、小泉内閣の最後にあった例を申し上げます。

政府系金融機関の民営化を決めましたね。政策投資銀行と商工中金の民営化、完全民営化を決めました。

実は、民営化というのは三通りあるんですね。

一つ目は特殊会社にする民営化。これはＮＴＴですね。つまり民営化はするけれども特別の法律をつくって公的な義務を与える。

二つ目は民間法人。農林中金がそうです。ＮＴＴの場合は三〇％出資を残します。法律があって出資があるのが特殊会社。法律はあるけれども出資がないのが民間法人です。

三つ目が完全民営化。これは商法にもとづく一般法人になります。

実は、この完全民営化を決めたんです。

経済財政諮問会議では小泉さんの一言で完全民営化に決めた。ところが役人が文書に直したときは、「完全に民営化」となっていたんです。「完全民営化」と「完全に民営化」は全然違います。

完全に特殊会社にしても「完全に民営化」したことになる。完全に民間法人にしても「完全に民営化」したことになる。

これが役人の使う手なんです。これに騙されないようにしっかりコントロールするのが担当大臣の仕事。そして同時に国民の皆さんのサポートがあってはじめて改革ができるわけです。

経済には必ず変動がある

有名な景気循環論の経済学者であるJ・C・ジュグラーは「好況の原因はただ一つである。それは、その前に不況があったからだ。不況の原因はただ一つである。その前に好況があったからだ」と述べております。

まさに潮の満ち引きのように、この変動は避けられません。もちろん、この波動を小さくするように政策を打ちますが、止めることはできません。しかし一九九〇年代の日本経済はずっと悪かったんです。ずっと悪いということは、普通はないんです。「これは何か原因がある」というように考えなければならなかった。それが実は不良債権であった。

不良債権問題というのは銀行から見たら不良債権ですが、企業から見れば過剰債務なんです。返ってこない借金、返ってこない貸付金というのは、「返せない借金」に等しいわけですから、コインの両面で、銀行の問題であると同時に企業の問題でもある。

そのあたりのバランスシートをきれいにしない限り、どんなに一時的な景気対策を行なってもダメ。これは一九九〇年代を通して知った、当たり前の教訓であるし、小泉さんも私も共有した認識でした。

ところが日本の一九九〇年代の日本の経済運営は全く違うことをしてしまいました。いわゆるケインズ政策、財政を拡大して景気をよくすれば何とかなるというものです。ケインズ政策というのは一時的な需要不足であれば処方箋になるんです。でも一九九〇年代は、そうではありません。一時的なものならば一〇年間も不況は続きません。

しかし、この間、何と一三〇兆円の追加経済対策を行ないました。通常の予算に加えて追加的に行なった経済対策の規模だけで一三〇兆円です。これは凄い規模です。日本のＧＤＰ（国内総生産）は五〇〇兆円なんですが、一三〇兆円というのは東京二三区の建物のすべてを建て直して八〇兆円だそうですから、それ以上です。

これだけの追加経済対策をしても景気は悪いままであった。ですから、これを根本的に変えるというのが小泉内閣の方針でした。

これをやるのには大変な勇気が必要でした。財政をこれ以上膨らまさないで、少しでも健全化していくということは、財政面からは負の圧力がかかるわけです。

しかし、それでも不良債権処理と規制緩和などで財政を均衡化に向かわせるという大転換をした。

結果、二％程度の成長率が返ってきました。不良債権比率は八・四％から一・九％

まで下がりました。

つまり、極端な例えですが、人間の体にしますと、今まで癌細胞をたくさん抱えていて入院をしていた患者が、手術をして癌細胞を全部摘出した。そして普通の生活に戻った。でも普通の生活に戻ったからと言って、今すぐオリンピックに出てメダルを獲れるような状況ではない。

当たり前ですよね。

ですから、まだまだ改革が必要なんです。

改革の手を緩めるな

六年前に大臣に就任したとき、私は改革には二通りあると言いました。

それは「リアクティブな改革」と「プロアクティブな改革」です。

「リアクティブな改革」というのは受け身です。まさに不良債権処理のように、「できてしまった不良債権は、何だかんだ言わないで処理するしかないでしょう」ということ。

「プロアクティブな改革」というのは、「周りが強くなっているんだから自分たちも強くなりましょう」というものです。

そのための重要な突破口が郵政民営化であったわけです。

これによって今まで国が取り込んでいたお金が民間に流れるではないか、日本経済にもっと基礎体力がつくではないか。

これが現状だと思います。

四年一一カ月のいざなぎ景気を超えて経済がよくなっているという楽観論が出ていますが、私は全くそうは思いません。

今、一番増益率の高い業種は鉄鋼業なんです。その次が自動車産業なんです。つまり、一九八〇年代のリーディング産業なんですよ。二一世紀型の新しい体制の下で日本の経済が生まれ変わったという状況ではない。

私たちはもっと貪欲に二一世紀型の産業を目指していかないと、とても世界の変化についていけない。

トヨタという会社は世界一の生産台数になると思います。そのトヨタですら企業価値、つまり株価総額を従業員数で割って、従業員一人当たりの企業価値を出してみると、アメリカのエクセレントカンパニーであるグーグルの一〇分の一に過ぎません。

そういう会社が世界では出現していることを踏まえなければならない。

ただし負の遺産はなくなり、ある種、正常化をしました。ここでノンビリしてはいけないんです。

実はもっと改革を進めれば成長率が高くなるというのが、中川（秀直）幹事長が唱えておられる「上げ潮政策」に他なりません。

私も小泉内閣の末期から、ずっとそのことを申し上げてきました。

今の日本経済の状況は、ある意味で一〇年前のアメリカ経済の状況と大変似ていると思います。その頃のアメリカに「ニュー・エコノミー論」というのがあったのを覚えていらっしゃいますでしょうか。

当時、アメリカの経済成長力は二％台と考えられていた。

しかし一部の若手のエコノミストの間で、「いや、アメリカの成長力はもっと高まっている」という議論が出てきた。これが「ニュー・エコノミー論」です。

理由は二つありました。

一つ目は「平和の配当」です。

今まで軍事費にかなりの予算が使われていた。軍事費というのは、モノを生み出す力を持っていません。戦車を買っても、戦闘機を買っても、新たな価値を生み出しくれるわけではない。

これが発電所に使われたり自動車産業に使われたりすれば生産力が生まれます。これが「平和の配当」。

二つ目は「ＩＴ革命」です。

一九八〇年代末にアメリカのノーベル経済学賞を受賞したロバート・ソローが「コンピュータがこれだけ普及しているのに生産性の上昇はまだ見えない」という言葉を残しました。これを「ソローのパラドックス」と言います。

したがって、コンピュータが普及しても、IT革命が進んでも、そんなに生産力は上がらないという疑念を持っていたんです。

ところが、いよいよコンピュータが普及して、それがネットワーク化されることによって、それに併せて経営システムも変わって、大幅に生産性が高まり始めたのではないか。

これが「ニュー・エコノミー論」のもう一つの背景です。

結果的に喧々諤々《かんかんがくがく》の議論がありました。オーソドックスなエコノミストの考え方から言うと、「成長力なんて、そんなに簡単に上がらないんだ。コンピュータも効果はあるかもしれないけれど、アメリカ経済全体を高めることじゃないよ」というのが主流でした。

でもこの議論は一九九七年頃に決着がついたと言われております。

今、アメリカの政府も民間エコノミストも、ほぼ全員、「アメリカの潜在成長力は三・二%から三・三%である」というように言われております。

つまり二・四%とか二・五%と言われていたんだけれども、三・二%から三・三%

と高かったということです。

私はこのことをまず確認したくて、経済財政政策担当大臣になってアメリカのワシントンに行きましたときに、この質問を会う人すべてにしました。全員が同じ答えでした。「ニュー・エコノミー論は正しかった」ということです。

同じようなことが日本でも可能なのではないかというのが今の状況なんです。

例えば、日本には「平和の配当」がありません。しかし日本では「平和の配当」に代わって「改革の配当」があると思うんです。

郵政民営化を見てください。これは凄い改革ですよ。

一四〇〇兆、一五〇〇兆円の個人金融資産がありますが、その四分の一が郵政公社に行っているんです。ところが郵政公社は国の機関ですから、それを運用できる先というのは法律で限定されるんです。どういう資産かというと「安全資産」なんです。それは具体的に言うと国債なんです。国で集めて国で使うシステムなので民間にお金が回らない。

これをもっと民間に流せる可能性があるんです。

東京駅前の東京中央郵便局。あのくすんだビルを見てください。周りは丸ノ内ビルとかオアゾとか、凄いファンシーなビルがある。名古屋駅前にも中央郵便局、大阪駅前に中央郵便局があります。大都市のど真ん中に大きな郵便局がある。これは郵便が鉄道で輸送されていた時代の名残りなんです。

あんなもの、今は必要ありません。もっとプロダクティブに使えばいいじゃないですか。

だから改革の手を緩めることなく進めるべきなんです。

安倍内閣への期待と今後の課題

「リーダーのパッション」「戦略は細部に宿る」「国民のサポート」の三要素、これが改革には重要だと申しました。

私は五年五カ月、安倍さんが官房副長官、自民党幹事長、官房長官時代に一緒に仕事をしてまいりまして、凄いパッションを感じます。ダボス会議でも「安倍さんは凄いパッションを持っている」と申し上げました。

もちろん、パッションの表現の仕方は小泉さんとは違います。でも「小泉改革を継承できるのは自分しかいない」と強く思っていると感じます。

ですからぜひ、安倍さんには頑張ってもらいたい。

ただし「戦略は細部に宿る」という部分については、もう少し、担当大臣と補佐官にやってもらいたい。

社会保険庁の解体問題なども出てきていますが、そういうものが、正面から経済財政諮問会議などで取り上げられていないという状況を見ると、やはり「もうひと頑張りする必要があるんじゃないか」と思います。

そもそも政権において重要なのは「アーリー・スモール・サクセス」であると考えます。

つまり、「小さくてもいいから早いうちにサクセス事例をいかに見せられるか」ということです。

幸いにして外交については「アーリー・スモール・サクセス」ならぬ「アーリー・ビッグ・サクセス」があったと思います。電撃的な中国、韓国の訪問。外交面のサクセスがあったために、内政面でのサクセスが見えづらくなっていることを少し懸念しております。

しかし「チーム安倍」が頑張っていくしかなくて、しっかりと戦う姿を見せていただきたい。

支持率が低くなっていると言いますが、小泉内閣の平均支持率は五〇%なんですよ。だから四〇%前後の安倍内閣の支持率というのは決して低くないんです。

しかし経済については、今が正念場ですから、ここで努力を怠ると、アメリカに大きな差をつけられる。

ですから、しっかりとしたパッションを持って、日本経済を引っ張っていただきたいと思います。

ご清聴ありがとうございました。

税制改革と今後の社会保障

津島雄一

シンクタンク2005・日本「日本政策アカデミー」第九回講演（二〇〇七年二月一九日）

講師＝津島雄二（自民党税制調査会長・衆議院議員）

政界は理屈と情緒と社会心理の世界

今日は伝統ある日本政策アカデミーで講演をすることになり、大変光栄に思っております。これまでの講師の方々を見ますと首相経験者がずらりと並んでおりまして、かなり次元の高いお話ばかりだったようですが、今日は、私の三〇年間の政治生活を振り返って漫談風にお話ししたいと思います。

厚生労働大臣の柳沢（伯夫）さんのことが、今いろいろと言われておりますが、彼のことは私も高く評価しておりますし、大蔵省の先輩と後輩ですから、長いお付き合いでございます。

彼は私と同じように国際畑とともに主税局、税制の分野で仕事をしておりました。大蔵省というのは数字と理屈の世界ですから、その分野の意識構造が一般市民のそれとなかなか噛み合わないことがある。その意味で、柳沢大臣が出生率を機械の生産性になぞらえたことには、ある程度、同情する部分もございます。

厚生労働大臣というのは大変な役職なんですね。今から七年前、私が二度目の厚労大臣をやったとき、クロイツフェルト・ヤコブ病の問題にぶつかりました。覚えていらっしゃいますか。

頭に障害、例えば脳出血を起こしたとき、手術で頭を開きますね。そのとき、脳がまとまらなくなるのを防ぐために、牛の脳膜を利用して手術後の処置をしました。そのこと自体は医学の進歩の成果でして、喜ばれた患者さんも何十万人もおられた。ところが不幸にして、あるときから狂牛病的な症状が表われてきた人が出てきた。それがクロイツフェルト・ヤコブ病とよばれるものでして、だんだん脳の機能が衰えていく。このことを野党から追及されました。「こんな副作用を生む恐れのある手法を許可するなんてとんでもない」というわけですね。

でも、この手法を導入したことで得られた利益というのは大きいんですよ。しかし、そんなことを国会で言ったら怒られちゃうんだ。「人間の命をどう考えているんだ」ってね。

そういうときにはどうするかですが、私も強情ですから言いたいことははっきりと言わなければならぬ時もあります。

クロイツフェルト・ヤコブ病の問題がとりあげられた委員会で、その直前に次のような質疑がありました。ある野党議員が「外国では、新しい薬や医療技術が開発され、認可されているのに、なぜ早く認可しないのですか」という追及でした。そのような新しい技術として牛の脳膜の医療技術を取り入れたわけですが、認可後に問題が起こると今度は「何でこんなものを認可したんだ」と言われる。認可しても認可しなくても怒られちゃうんですよ。

国会の場ではそういうとき、「本当に申し訳ない」と謝るしかない。しかし、実際は、認可のときのデータではそういう欠陥があるとは分からなかったのです。「早く認めろ」、「なぜ認めたのか」という矛盾した追及に対して、私も強情ですから、ついに本音をもらさざるをえませんでした。私は野党議員に「すべての医療行為、すべての薬品にはリスクがございますよ。一〇〇％完璧なものはありませんよ」と申し上げたのです。するとその野党議員は顔を真っ赤にしたけれど、それ以上は追及しませんでした。

何を言いたいのかと言えば、厚生労働大臣というのは、理屈もさることながら、自分が答弁したことについて、どのようにメディアで取り上げられるか、どのように野党から追及されるかということも事前に考えておかなきゃいけないというわけでございます。

政治というのは、理屈と情緒の世界、それから社会心理の世界なんです。

そういうものが複雑に絡み合って動いているわけですから、例えばエコノミストが集まって、「こうすれば経済が必ずよくなる」と言っても、それだけで政治上の課題について直線的に結論を出してしまっては、やれる政策もやれなくなる場合があるわけです。

旧大蔵省時代に感じた「上げ潮路線」

ここで今、話題になっている法人税について取り上げてみましょう。

基本的に、法人税の負担をできるだけ抑制する、そして日本の企業負担を加重にしないようにして国際競争力をつけていく、そして成長率が上がっていけば、それに伴って税収も上がっていく。この考え方に私は賛成なんですよ。自民党の税制調査会でも、そのこと自体に反対する人はいない。問題は、それをすることで「日本経済の現状に照らして、どのような成果が上がるか」ということなんですね。

この点について、少しばかり私の回顧談義を聞いていただきたいのです。

私はすいぶん若い頃、アメリカに留学しました。一九五五年のことです。

このときニューヨークの街を見て、「日本がこの国に追いつくには一〇〇年かかる」としみじみ感じました。

その頃の日本はどういう状態だったか。戦後の荒廃から立ち上がって、欧米各国に追いつけ、追い越せの時代でした。

ところがそれから三〇年経って、あれよあれよというちに、日本は世界の経済と金融の要《かなめ》を担う国になっておりました。一〇〇年かかると思っていたら、三〇年でそこまで来た。アメリカと初めて出会ってから三〇年後の一九八五年というのは、プラザ合意の年でしたね。

時期的に申し上げますと、一九五五年から一九七〇年の高度経済成長期。この頃の日本経済はどうだったか。黙っていても七%から一〇%の成長率でありました。それが本当の強い成長であった。

私はアメリカから帰ってきて、大蔵省から経済企画庁に出向した。一九五六年でしたかね。ご存じだろうと思いますが、後藤（誉之助）さんが「もはや戦後ではない」とおっしゃった。そのとき、経済企画庁に入って来られたエコノミストが、政府税制調査会の会長の香西泰さんでございました。私と香西さんとは基本的に（経済に対する）認識が一致しているんですが、同じ時期に隣の部屋同士で仕事をしておりましたのも奇縁であります。

私は国民所得の推計作業の一環としてマネーフロー分析にたずさわっておりましたが、高度経済成長というものを肌で感じていました。

例えば、国民所得が一〇%伸びた。そのとき所得税の税収は二二%も増えた。いろんな要因がございますが、「上げ潮路線」で行けば、どんどん税収も増えて財政運営も楽になり、財政再建もできるという考え方が、現実に機能しておりました。

竹中（平蔵）さんも最近、「四%成長になれば、消費税率を上げる必要がないことは火を見るより明らかだ」とおっしゃったようですが、私はかつての高度成長をよく知っているだけに、今の日本経済の成長路線は七〇年代には程遠いものがあり、税収の増加によって財政再建ができるという主張の現実性は、そんな明々白々ではないと思っています。

当時の上げ潮路線というのは、今のような姿じゃないんですよね。ジャブジャブと所得税と法人税が入ってくる時代だったんですよ。

その頃の大蔵省では、入ってくる財源を、「減税に振り向けるか」「社会保障の充実に使うか」ということで論争が行なわれた。

ご承知の通り、一九六一年（昭和三六年）に国民皆年金、皆保険が出発したわけですが、当時の主計局は、「とにかく先進諸国に負けないような社会保障を完備することが先決だ」と考えた。

それに対して主税局は、「今、どんどん税収が入ってきても、使ってしまわずに半分は少なくとも減税で返しましょう」と考えた。

これは当時、有名な論争でした。

この論争の先頭に立ったのは、主計局は村上孝太郎さん。まさに「走れコウタロー」で、参議院議員もされた。

一方、主税局は吉国二郎さん。

結果として振り返ってみると、半分は減税、半分は社会保障と財政需要と公共事業の充実に振り向けていったということでございましょう。

私が言いたいのは、上げ潮路線というのは、「黙っていても成長率が上がれば、税収も上がるんだから、それによってすべてがうまくいく」ということではあるが、今のように物価が上がらず名目成長が横ばいの状況では、昔のようにうまくいくと即断をするのはどうかということです。

あの昭和四〇年代当時に私が感じた上げ潮路線というのは、そんなもんじゃなかったのです。

法人税にまつわる世界的な流れ

もう一つ今、盛んに言われているのが、「法人税を下げろ」ということです。日本の経済界でもそういう声が多い。

ただ、去年（二〇〇六年）一二月の自民党の「税制改正大綱」にこのことを入れたら、今頃、予算委員会で「定率減税を廃止してサラリーマンはどんどん所得税を増やされているのに、なんで法人税を下げるんだ」ということが大きな話題になっていると思います。その意味で、この問題は秋以降に議論をするという判断をしたのは妥当であった。

しかしながら、恐らく、「ドイツでは法人税を下げることを決めたじゃないか」と主張する向きもおそらくあるでしょう。先般、日本経済新聞にも「世界の潮流は法人税下げ、主要国で加速」という記事が載りましたね。

多くの経済人にとって、法人税を下げて上げ潮路線に乗るというのが一番望ましいストーリーなのでしょう。そこで今、ドイツで提案をされて二〇〇八年から実施をされることになっている法人税引き下げについて、少し中身を申し上げましょう。

まず二〇〇八年から法人実効税率を現行の四〇％弱から三〇％以下にする。これは国と地方と合わせてです。国の法人税率自体は二五％から一五％に下げる。

ところがドイツのこの改正は、全体としてはどういうタイトルで提案されているのかと言いますと、「財政健全化に配慮し、全体としては税収を増やす」というものです。つまり法人税を下げると、ジャブジャブ税収が上がるかというのは大きな間違いでして、同時に消費税も引き上げることになるわけです。

いわゆる法人税を下げることによって生ずる減税というのは、実態はおもての六分の一くらい。つまりちゃんと併せて行なう付加価値税、所得税などの改正で取り戻してしまう。そのうえ、日本の法人事業税に該当する地方の営業税を損金算入しないこととする。

つまり付加価値税の方を一六％から一九％に引き上げる。あと、所得税の最高税率を四二％から四五％にする。合計では実に二兆九〇〇〇億円の増税になる。ですから、こういう内容をしっかり把握せずに新聞記事を読むと誤解をしてしまうんですね。

だから法人企業の負担を論ずる場合も、法人税だけでなく全体を見ないといけないわけです。日本の場合、法人企業の法人税負担（年に一七－一八兆円ぐらい）よりも、従業員の年金に対する会社負担（二二兆円ぐらい）の方が大きいことも忘れてはなりません。

上げ潮路線というのは誰も反対しませんが、それで「すべてがよくなる」と言うのは行きすぎでしょう。もしその通りうまくいかなければ、政府と与党の責任になってしまうわけですから気をつけなければいけない。

今度の税制改正では減価償却について、それこそ戦後最大の改革を行なった。減価償却資産の残存価格は一円でいいことにした。

それから、地域格差に対応するために中小企業の留保金課税を全廃することもやった。私が大蔵省にいた頃には考えられない改革であります。

こういう改革を行なう場合、世界の流れも見ながら考えていかなきゃいけないわけですが、やはり自分の頭で考えていかなきゃならんのですよ。「外国の学者が言っているからそれに従え」とやった結果、いくつも失敗したケースもあるんですよ。

まずは自分の軸足を固めよ

ここでもういっぺん、プラザ合意からバブル経済とその崩壊までのことにふれてみましょう。

一九八五年のプラザ合意から、九〇年頃までの五年間、日本はどうでしたでしょうか。「前川レポート」というものが出ましたね。日本銀行副総裁だった前川（春雄）さんが中心になってまとめた「前川レポート」は、当時の心ある有識者の考えを総括したものであり、アメリカでも高く評価されました。

ただ結局、日本はどういうところに追い込まれたか。

一九八五年のプラザ合意のときに言われたのは、「日本は円が安いから、一ドル一〇〇円ちょっとのレベルまで上げてもらわなきゃ困る」ということでしたね。

日本の円高を維持していくためには、金融政策として何が一番大切か。その方向で考えれば、ある程度の金利水準を維持しなければならない。

当時日本がどういう政策を取るかというのが、どのくらい注目を集めていたかというと、閣僚経験者でもない私の個人事務所に投資家のジョージ・ソロスが訪ねてきたんです。「日本の為替政策、金利政策はどういう方向に行くのか」について、世界中の投資家が関心を持たざるをえなかった。

彼らは「アメリカの金融市場が円高、円高と煽っているのはいいけれど、果たしてそれで相対的に値打ちが下がるアメリカのドル資産に向けてお金が続けて入ってくるのか」ということだった。だんだん不安が出てきたわけですね。

あのときはアメリカに「三つ子の赤字」というものがありましてね。財政の赤字、国際収支の赤字、家計の赤字。そういうなかで、果たして引き続き外国の資金がアメリカのドル資産を支えてくれるかどうかの不安を抱えていた。

案の定、これに火がついたのが一九八七年のブラックマンデーですね。ニューヨーク市場を中心に株価が暴落したわけです。

問題はそこからだ。アメリカのジェームス・ベーカー財務長官が、そこで日本に何を要求したかというと、「金利を下げろ」ということでした。そうしないとアメリカに資金が流入してこない。

これは酷《ひど》い話ですよ。片方では「円は高くしておけ」、片方は「金利を下げろ」、これを同時に要求した。まるでブレーキとアクセルの両方を踏めというようなものです。日本側もこれを漫然とではないが黙って受け入れた。

よく言われるように、当時の事情を調べている人は、日本銀行は実は金利政策についてはアメリカの言うなりになりたくなかった。「日本の金利政策は日本銀行の判断でやるべきだ」と思っていたようです。しかし、副総裁時代の三重野（康）さんはあまりはっきりものを言わなかった。そして一九九〇年に日本銀行総裁に三重野さんがなってから、総量規制をどんどんやった。

そういう転換をするまでに、嫌というほど資金がダブついていたのに、今度はいきなり回収を始めてバブルの崩壊を生んだ。

私は全部が当たっているとは申しませんが、どう考えても矛盾したことを要求しがちになるのが国際間の政策協調であると思うわけです。

やはり日本の問題をよく知っているのは私たち自身なんです。私たちを超えて日本の問題にアドバイスできる外国人はいないと思います。しかも責任は取らない。

ここで忘れてはならないことの一つに、九〇年代までにかけて、アメリカが日本に対して高い水準の公共投資を公約させることまでやった。

これらの公共事業投資が今日の公共の債務負担につながっていることは否めない事実なのですから、今、グローバル化だの国際化だのと言われますが、まず自分たちの軸足をしっかりさせたうえで政策を遂行しなきゃいけないと思います。

株式の配当と譲渡益の課税

最近の税制論議のなかに、株式の配当と譲渡益の課税の問題があります。いまの分離一〇%課税の特別措置は、二〇〇七年で終わりになっている。なぜその通りにばっさりと廃止しなかったのかの問題です。

確かに政府税制調査会は「法人税は下げろ」としたが、その一方で「株式の配当と譲渡益については今の一〇%の分離課税が有利過ぎるから、期限が来たらやめてもいい」という話でしたね。

不思議なことに経済団体の一部もそうだった。「こりゃ困ったなあ」と思ったのは証券業界ですね。証券業界が「困ったなあ」というものを経済団体が「こりゃいい」というのは昔じゃ考えられないことですよ。

私が感じたのは、証券課税というのは、デイトレーダーの方や証券投資で儲けている人のレベルで議論されているということですが、そのように割り切ってよいのでしょうか。

皆さんご承知の通り、五年ほど前、国会で年金の議論をやったときに、たびたび野党から攻撃されたのは、「年金の積立金は大赤字じゃありませんか。五兆円も六兆円も大赤字で、いずれ年金者やサラリーマンにおっかぶせるんだろう」と言われました。今どうですか。年金の積立金は数兆円の黒字であります。

なぜか。これは証券市場が好調になったお陰ですよ。

ですから、デイトレーダーの方や証券投資で儲けている人の問題として考えるのは大違いでありまして、国民のすべてに関わっているという認識を持たなきゃいけないわけであります。

財務省は「法律に書いた通りにやれ。一切、期限は延ばしませんよ」と言ったが、私は「ダメだ」と申し上げた。「これは国民全体の問題だ」と。

だから「一年延ばして、そのうえで世界の証券課税の動きを見ながら、全体の流れに符合する持続可能な証券税制をつくろうではないか」ということであります。

そんなことでいっぱい宿題を残したのが今度の税制改正でございますが、それなりに苦労して税制改正大綱をとりまとめたわけであります。

デタラメな民主党の社会保障政策

私は「今こそ社会保障の将来の姿、国民がどこまで負担してくれるかということをまとめて、国民の合意を形成しなきゃならん」と思っております。

前の年金改革のとき、私は自民党の年金制度調査会長をやっておりました。当時、盛んに民主党の方々と率直な議論をやった。そのとき、民主党から真剣など提案がありました。「しっかりやりましょう」と。

その基になったのがスウェーデンの年金改革でした。スウェーデンの年金改革は、理想的な公的年金の姿といわれておりますが、これは当時の保守系の政権が、野党の社民党と一緒に協議して決めた。ところが合意をしてから一年も経たないうちに保守系の政権が倒れた。それに代わった社民党の政権は、合意した通りにやったんですね。

私は社会保障というものは、本来、そういうものじゃなきゃいけないと思います。一党一派の手柄にせずに、国民の最終的な合意で決める姿にしたいと考えておるわけです。

私が年金制度調査会長のとき、民主党側でかなり強くこのことをおっしゃって下さったのが、もう亡くなられましたが、今井（澄）さんでした。参議院議員であります。しかし残念ながら、社会保障については今、野党の方はただ、「あれが悪い」「これが悪い」というだけの形になってしまった。

この前の国会の代表質問で、民主党代表の小沢（一郎）さんがおっしゃったことに非常に驚いた。よくそんなことを真顔でおっしゃる。

一つは「日本の基礎年金は全部税方式にしましょう」と。これは考えただけで大変なお金が要るわけです。今の三分の一負担を二分の一負担にするだけで、まだ二兆五〇〇〇億、どっかから探してこなくちゃならない。

それを根っ子から税方式でやると言うんですよ。

しかも小沢さんは「全部、消費税で充てれば問題ない」と言うんですね。何を言うのか。消費税の国の取り分はたったの一〇兆円だよ。今の基礎年金を全部税方式でやり、民主党が言うように第一号保険者、第三号保険者、つまり自営業者や主婦やフリーターに、同じように最低保障年金を保証すると、膨大な財源が要る。こんなの素人でもわかる。

そして「予算を遣り繰りすればできないことはない」と言って、一例を挙げたのはこんなことでした。

「今、国と地方との間で無駄が多過ぎる。その最たるものは、国が補助金を査定して地方にお金を配っていることだ。だからそういう手法を止めて、ポンと渡してしまえば、折衝をやる必要もないし、手間も省けるし、人も減らせる。すると六兆円は浮く」と言うんですよ。

この発言にも驚きました。

今、国から地方に出している補助金は一九兆円です。一九兆円のうち、一五兆円は法律で決まっている、いわゆる義務的経費です。社会保障、義務教育費の国庫負担とかね。残りの四兆円は公共事業費だけなんです。

こんなの子供でも分かるのに、国会の壇上で、全く現実性のない主張を白昼堂々とおっしゃるようなレベルの議論がまかり通るなんて恥ずかしい話ですよ。

「あずましい」少子高齢社会を

いろいろ漫談をいたしましたが、最後に、二一世紀の日本の使命は何だということを考えてみたい。私はやはり、「世界に先駆けて少子高齢化が進むこの国が、活力を失わずに進んでいけるかどうか」が問われているのだと思います。

これは歴史が私たちに問うた使命であります。

そのためには何としても、人間力、科学技術力を伸ばしていかなければならないわけで、もちろん、教育ですとか社会の仕組みを健全に整えていく必要があろうと考えます。

今、「美しい国」も大切でありますが、津軽弁で『あずましい』少子高齢社会」、つまり、「気持ちのいい少子高齢社会」をつくらないといけないと思うわけでございます。

長時間ご静聴ありがとうございました。

少子高齢化に向けた社会保障の展望と課題

丹羽雄哉

シンクタンク２００５・日本「日本政策アカデミー」第一〇回講演（二〇〇七年二月二六日）

講師＝丹羽雄哉（自民党総務会長・衆議院議員）

誠実に改革を進める

ご紹介賜りました丹羽雄哉です。

「シンクタンク2005・日本」の創設は、安倍晋三首相が幹事長の頃から強く推進されていたものであります。この日本政策アカデミーは大変真面目な会なので、かなり高度な話をしなければならないと脅かされてきたわけです。

ですから、あまり無駄な話をするのは適当ではありませんが、私はこれまで社会保障問題を中心にして政治活動を行なってきましたので、前半は今日の政治情勢を、後半は国民の皆さんも大変関心を寄せておられる社会保障についてお話ししたいと思います。

さて、ご承知の通り、昨年（二〇〇六年）九月に安倍政権が発足して、ちょうど五カ月が経ちます。

安倍首相は就任早々、これまで冷え切った関係にあった中国と韓国を訪問して、再び友好関係を築き上げたわけです。大変電撃的なデビューでした。

その後、復党問題とか閣僚の不祥事、失言問題などがあり、最近、支持率が下降気味ですが、私は、もっと長い目で見て、その上で評価すべきではないかと思っております。

この間、テレビを見ていましたら、ご婦人がこんなことをおっしゃっていました。「昔はヨンさま、その次はハンカチ王子、今は、そのまんま東さん」(笑)。何か軽いノリで政治に対する評価も決まるご時勢なんでしょうか。

しかし今、少子高齢化社会に入り、国の舵取りというのは、大変難しい時期に来ております。すなわち国民の皆さまにとって、あまり耳障りのよくないテーマを取り上げて、ご理解、ご協力を得なければならない時代に入っているわけです。

私は安倍首相の外交、内政に対する考え方は間違っていないと思います。

外交では、先に申し上げた中国と韓国の訪問、そしてEU(欧州連合)を回り、ベルギーに行ってNATOで演説をした。さらに麻生外務大臣もEUの新興諸国を回った。これらは日本の外交に幅と厚みを加えたと考えております。そして四月にはアメリカを訪問します。日米同盟を基軸としながら、主張する外交を展開していくことに大きな期待を持っております。

それから内政では、「少子高齢化社会をどうやって受け止めていくか」ということが大きな課題になるわけですが、その中において、やはり改革というものを実行していかなければならないと思います。

今、二〇〇七年度の予算を審議しておりますが、企業の高収益ということも踏まえて、新規国債発行額が六・三兆円、健全化したわけです。前政権のとき、三〇兆円枠をめぐり侃々諤々《かんかんがくがく》の議論をしたのが嘘のように思えます。しかし、日本の累積債務は約七七五兆円と、気の遠くなるような借金を抱えているわけですから、まだ、プライマリーバランスに向けて一歩前進したということに過ぎません。

民主党は、私たちよりも改革的なことをおっしゃっていたのですが、ここに来て、例えば年金の国庫負担を全額税方式にするとか、零細農家には最低保障をするとか、バラマキ的なものが多い。つまり、「今さえよければいい」という身勝手な考え方になっているわけです。

私たちは、子供や孫の代において、できるだけ負担を軽減することを考えるべきで、有権者の皆さまにはお叱りを受けそうですが、そういう努力をしながら国の舵取りをやらなければいけない。その意味で、安倍政権の考え方というのは、外交、内政ともに間違っていないというわけです。

確かに小泉純一郎前総理のようなサプライズはありませんが、奇策を用いずに、「誠実に改革を進めていこう」というのが安倍首相です。国民の皆さまからすれば面白味がないかもしれませんが、ご理解をいただきたいと思います。

そんなことで私は、抽象的ではありますが、外交においては「この国の国益を守り、平和を構築するべきである」、内政においては「国民の豊かさを追求する」ということに尽きるのではないかと思っております。

日本経済は回復基調

お陰さまで、「いざなぎ景気」を超える息の長い好景気が続いておりますが、「今ひとつ、景気がよくなったという実感が湧かない」というご指摘も受けるわけですが、「いざなぎ景気」の頃と今では経済の成熟度合いが違うと思います。「いざなぎ景気」というのは、今から四〇年前、私が学生の頃のことでして、「3C」というのが高嶺《たかね》の花でございました。「カラーテレビ」「クーラー」「カー（自家用車）」です。

私が申し上げたいのは、いろいろご批判、ご叱責を受けますが、私たちの今の生活そのものは、「いざなぎ景気」の頃はもとより、一〇年前、二〇年前と比較しても、社会資本整備もできましたし、社会保障も充実しているということです。

ですから、比較するという点では、外国と比べることも大切なのではないかと思います。そうすることで、日本の政治経済は国民の皆さまにとって非常に喜ばしい方向であり続けるのではないかと思います。

確かに大企業と中小零細企業、大都市と地方都市、正規社員と非正規社員の格差の問題もありますが、まずは、こういった格差をできるだけ縮めていくことが、今、大切ではないかと考えております。

先日、日本銀行が金利を〇・二五%ほど引き上げました。私は率直なところ、日本銀行というのは独立機関ですし、それは尊重しなければなりませんが、私は以前から日本銀行が正常化に向けて、ある程度の引き上げをするのはやむを得ないと思っておりました。欧米はだいたい五%前後の金利であります。

日本は「失われた一〇年」という時代のトラウマから脱却できないでいたので、ずっとゼロ金利を続けてきたわけですが、お金を貸すのに利息がないというのは、金の貸し借りの原則からみればおかしな話です。それだけ日本経済が非常時から平常時に変わったという見方をしなければならないと思います。

最近の市場は「金余り現象」が生まれておりますので、大企業は自分の余剰金を持っている状況です。中小企業への貸し渋りには配慮しなければならないわけですが、私は財務省が心配していた長期金利に対する反応というのは出ないと思います。

国民の皆さんは、景気に対する実感はないかもしれませんが、確実に回復基調にあるわけでして、これまでのような危機的な状況から日本経済は正常化に向けて動き出したと考えております。

少子高齢化社会へ突入した日本

財政再建のなかで一番大切なのが、やはり医療、社会保障の問題です。一昨年（二〇〇五年）、日本の総人口は初めて死亡者数が出生者数を上回り、二万人の減少が見られました。昨年は景気回復を反映してか、若干の人口増ということですが、いずれにしてもこれは一時的なもので、人口減少社会を迎えたわけです。

昨年の暮れに公表された新しい人口推計では、近年の出生率低下や事業の伸びを反映し、前回推計より一層進んでいるわけでして、二〇五五年には合計特殊出生率が一・二六になる。六五歳以上の高齢者が総人口の四〇%を占める。さらに二〇五五年、五〇歳以上の四人に一人が生涯未婚であり、中高年齢者の四割以上の世帯が単身世帯になる、と予測されました。人口減少だけではなく、世代の形や地域の姿が大きく変化するわけです。

それから、一〇年後の二〇一七年には、一九四七年から一九四九年の間に生まれた「団塊の世代」と呼ばれる人たちが、前期高齢者と言われる六五歳を超えるわけです。そして一八年後の二〇二五年には、六五歳以上のお年寄りが、現在の約二六〇〇万人から約三五〇〇万人に増えるということです。

その結果、現在一人のお年寄りを現役世代三・一人で支えるということになっていますが、二〇二五年には、現役世代一・八人で一人のお年寄りを支えることになり、さらに二〇五五年には、現役世代一・二人でお年寄りを支えるという計算になっています。

実は私、明日から中国に参りますが、中国でも高齢化の波が押し寄せていて、日本と同じような傾向が見られるようです。やはり少子高齢化社会というのは世界的な潮流ではないかと思います。

少子高齢化社会と聞くと悲観的になりがちです。「社会の活力が低下するのではないか」「将来の国民負担が増えるのではないか」「年金制度が崩壊するのではないか」といったことを煽り立てる向きもありますが、私は今のうちから柔軟に対応していくことによって、十分、乗り越えることができると考えております。

日本の社会保障制度というのは、もともと国が始めたのではないのです。良質な労働力を確保する観点から、企業を単位とする強制加入と保険料徴収の制度の下で、事業主にも応分のご負担をいただく仕組みからスタートしたわけです。これは医療にしても、介護にしても、年金にしても、児童手当においても同じです。

つまり社会保障給付費の三分の二が保険料で賄《まかな》われている。その半分が事業主の負担である。その意味から、民主党がおっしゃるような全額税方式というのは、いかに非現実的かということがお分かりいただけると思います。

急速な少子高齢化社会が進行するなか、やはり制度の持続性を高めるためには、現役世代の保険料負担のみに頼るのではなくて、世代間のバランスも考えていかなければならない。さらに今、高齢者＝社会的弱者、社会的弱者＝経済的弱者というような感覚を改めていかなければいけない。高齢者の方にも、たくさんの所得がある方がいらっしゃる。もとより、当然、低所得者には必要な配慮をしなければならないことは言うまでもありません。

医療改革の意義と課題

昨年（二〇〇六年）、医療改革を行ないました。

その一つは、現役世代と高齢者世代のバランスを図るという観点から、高齢者にも応分の負担をいただくという改革です。また、療養病床に入院されている方については、ご自宅にいれば当然、光熱費や食費がかかるわけですから、在宅並みということで、その費用を自己負担にしていただいた。

つまり、医療サービスの点をいかにして守るかということを重点とし、それ以外の点については、それぞれが負担をしていただくという考え方です。そうしないと、皆保険制度というものが崩壊していくということをご理解いただきたいと思います。

次期アメリカ大統領の最有力候補者であるヒラリー・クリントンは、第一番目の公約として医療制度改革を掲げました。アメリカでは、お年寄りと生活保護者に対するほんの僅かな公的保険があるだけで、実質、私が調べてみますと、お金持ちだけがサービスを受けることができる制度です。

そこへいくと、日本の制度は所得のある人も所得のない人も均等なサービスが受けられるわけです。これが国民の安心につながっているわけです。そういうことで、昨年の医療改革においては、私どもは高齢者にも応分の負担をいただくことにしましたが、所得の低い高齢者の方の自己負担、限度額はこれまで通りにしました。そして、七五歳以上の患者負担も一割のままです。一方で、乳幼児の患者負担軽減措置、これは、三歳未満は二割でしたが、これを来年（二〇〇八年）の四月から、幼児義務教育未満児までに拡大しました。

ところで、経済財政諮問会議は、「財政に与える影響が大きいのは医療費」であるとして、これを経済成長に連動し、バッサリ切ってしまうという提案をしています。

私は厚生族だから反対したわけではありませんが、国民生活に影響するものを荒っぽい形で切るのはどうでしょうか。例えば一月から一二月までは健康保険が使える。ところが年を越して一月から三月までは健康保険が使えないということにもなるかもしれないわけで、私どもは医療など社会保障問題は、やはり政策を積み重ねていくべきだと考えております。

つまり、総額抑制方式ではないということです。現実的には国民の皆さんへのサービスは縮小していかなければならないにしても、それをどうやって縮小していくか、どの点を縮小していくかということを考えているわけでございます。

まず生活習慣病対策。例えばメタボリック・シンドロームです。これも今、非常に国民の間に浸透しつつあるわけでして、ご婦人の方にも検診をしていただいて、糖尿病などの病気に注意してもらう。こういう動きが出てまいりました。このようなことも医療費の削減につながるわけでございます。

それから長期入院の是正です。日本の医療というのは「冗漫な医療」。つまりダラダラと医療する期間が長いんですね。これを改めなければいけません。すなわち在院日数を減らせなければいけない。日本の在院日数の平均は三六日間です。

これも地域によって違いますが、例えば長野県は二七日間ですが、北海道は三六日間を大幅に超えているんです。こんなことを申し上げると北海道の皆さんに怒られるかもしれませんが、北海道の冬は寒いですから、寒さを凌ぐために長期入院すると聞いております。こういうものを正していかなければならない。長野県並みの二七日間とは申しませんが、せめて三〇日間くらいに是正する必要があると思います。

それから、国民医療費三二兆円のうちの約三分の一が高齢者の医療ですが、これをどうするかが大きなポイントです。来年度から後期高齢者医療制度は、七五歳からを対象にいたします。そして、前期高齢者医療制度、六五歳から七四歳までですが、この間は独立した医療制度、すなわち都道府県単位で運営をしていただくことになります。

「独立した」ということが重要なのです。これまでは若い方々の保険料から、老人拠出金ということで、制限なしに高齢者の医療費を投入していた。それだけ若い方々の負担が重かったのが、これからは限度額四〇%にして、だんだんお年寄りが増えるに従って、若い方々の負担を軽くするという制度を導入することになりました。

いずれにしても、地域型保険組合の創設など、都道府県を単位とした保険者の再編、統合をやるわけです。

あと療養病床の再編でございます。これからは、リハビリはリハビリ、介護は介護と機能分化をやっていかなければいけないと思うわけでございます。今、医療保険の適用病床は二五万床ありますが、これを一五万床にまで削減する。それから介護保険の適用病床を一三万床すべて廃止して、介護保険施設に移管するということです。

このことを自民党の厚生労働部会で申し上げたら大変な反対が出まして、皆さんで見に行くことになりました。これは本当の話なんですが、「視察したい」と申し上げましたら、東京都内の療養病床すべてに断られました。見られたくないんですね。患者さんは経口栄養を入れてもらっているだけ。これが医療保険でなされている。ここまで来れば介護なんですね。何ら医療サービスを必要としない方々が少なくないのです。

いずれにしても療養病床の再編というのは、これまで大きな課題だったのですが、ようやくメスが入ることになりました。

こういう改革をすることで、目安として二〇一〇年段階で二兆円程度を抑制、つまり三二兆円かかっているものを三〇兆円にする。あるいは二〇一五年、五六兆円から八兆円の給付費を削減して四八兆円にする。

このようなことを一つずつ克服して、世界に誇る皆保険制度をしっかり守っていかなければいけないと思います。

年金制度の今後あるべき姿

年金についてですが、年金というのはご承知の通り、「世代間の支え合い」です。ですから私どもが支払った保険料というのは、全部、先輩の年金に給付されて消えているんです。これから徐々に、「勤労者の所得に対する割合が下がっていくんじゃないか」ということが危惧されておりますが、やはり五〇%は堅持しなればならない。会社をリタイアして所得がない方には、所得代替率五〇%をしっかり守るということを法律に明記した。ですが少子高齢化社会でございますので、そういうことが難しくなった場合には考え直さないといけない。

今、ドイツでは支給開始年齢を六七歳まで引き上げるということが検討されております。一〇年先になるか一五年先になるかは分かりませんが、社会保障というのは、その時々に応じて、国民の皆さんが安心できるように整えていかなければならないものであり、ずっと先を見据えて決め付けるものではない。

私は、せいぜい二〇年か三〇年単位で考えるべきだと思います。先般の年金改革のとき、「一〇〇年先まで」と言われましたが、一〇〇年先なんて、日本の経済がどうなっているかも分からないわけですし、ちょっと乱暴ではないでしょうか。予測が可能な二〇年か三〇年単位で見て、改革をしていくべきだと思うわけでございます。

それから国民年金の未納、滞納問題も指摘されております。これは以前から考えていたのですが、今は納付期間が二〇歳から六〇歳までの四〇年間です。つまり、学生さんも強制加入の対象です。これがそもそも間違っている。月額一万三八六〇円、今度は一万四一〇〇円です。決して小さな額ではございません。

私はこの際、二五歳から加入をする、二五歳から四〇年間でいいのではないか、と考えております。

二五歳になると、ほとんどの方が就労しております。それに昨今、大学を出た方は大学院に行くとか、専門学校に行くとか、留学する方も多いわけです。昔は大学を出たらすぐ就職ですが、今は生き方が多様化しております。ですから私は、ほぼ何らかの職に就くであろう二五歳くらいにした方がいいと考えております。

あと年金の一元化の問題です。被用者年金の一階、二階部分を一元化するということについては決着しておりますが、問題は、職域に代わる新しい制度を公務員のためにどうするか。要するに創設するかどうかということです。政府内ではサラリーマンと公務員について、年金だけではなく退職後に支払われる所得保障そのものを同一視すべきである。年金プラス退職金である。これを人事院が出してきた。これには調子がくるってしまいました。

今、公務員制度改革をするときに適当かどうか。私はあくまでも被用者年金の一元化であって、公務員の退職金のあり方まで言及するつもりはありません。

したがって、現時点では三階部分を切り離して、一階、二階部分の一元化を確かなものにして、国民の皆さまに年金制度の姿を表わして安心していただくことが大切であると思います。

子や孫の世代を考えることが責任政党の使命

日本は、世界に冠たる国民皆保険制度、皆年金制度を持った国です。アメリカは確かに軍事的にも経済的にも文化的にも最強です。医療技術面においては優れておりますが、私は社会保障については、国民が等しくサービスを受けられるかというと、先ほどのヒラリー・クリントンが第一番目に公約として医療制度改革を掲げたことに象徴されますように、難しいのではないかと思います。

一昨年、ニューオリンズにハリケーン、カトリーナが襲来しましたが、あのとき、繁栄する超大国であるアメリカの「光と影」がメディアの報道を通じて白日の下にさらされたのではないか。あれからブッシュ大統領の支持率も低下したわけです。アメリカというのは格差のある国ですが、あれほど酷いとは思わなかったと多くの人が感じたのではないでしょうか。アメリカというのは上位一%の人たちが国の富の半分近くを占めております。所得の多い人たちはますます所得が増えて、所得の少ない人たちは一向に所得が増えない。

今、それと同じことが日本でも起こるのではないかという不安が鬱積《うっせき》しているのではないでしょうか。格差というのはどこの国にもあります。先進諸国だけではなく、例えば中国もそうです。都市と農村の格差は大変に大きい。日本はまだ諸外国と比べればそれほど格差は広がっておりません。

ただ、あの六本木ヒルズができて、ホリエモンみたいな人たちが、毎日のようにお嬢さん方と合コンしているような姿を多くの方が見て何かイライラするようなものが出てきた。やはり格差感を国民の皆さんが感じておることは事実ですので、これを解消しなければならない。

安倍首相はいち早く、「再チャレンジ」というものを取り上げた。それから「生活底上げ」ということもおっしゃっている。今の状況を把握して、敏感に対応しております。正規社員と非正規社員の厚生年金についても、両者の差を埋めていこうとしています。これはぜひご理解をいただきたいと思います。

それから労働分配率、つまり労働者に与えられる給料の割合ですが、かつては七〇%あった。これが今、六五%になっております。つまりその分、株主に対する配当が上がっている。あるいは役員への報酬です。

私は、いろいろな企業の方とお会いするなかで、「労働分配率が下がっているじゃないか」と申しますと、皆さん、顔色を変えて怒ります。つまり、今や株主に配当しなければ、いつ乗っ取られるか分からないということです。しかし一方で、役員の報酬について申し上げると返事がないんですね。

その意味で、やはりこの「失われた一〇年」の中で、アメリカ型、どちらかと言うと、正規社員を少なくして、非正規社員や派遣社員を多くするという方向に向かっているようです。日本テレビのドラマ、「ハケンの品格」の視聴率が上がっているようですが、これはまさに、昨今の社会情勢を物語ったものであると思います。

いずれにしても、いろんなところで矛盾点も出てきているわけですが、概して私は、この国というのは大変に豊かであると考えます。諸外国と比べても劣っておりませんし、社会保障についても同じです。

私は今後、この少子高齢化社会において、自分たちの代だけがよければいいというのではなくて、痛み苦しんでも、子や孫の代のことを考えていかなければならないと思います。それが責任政党の使命であります。

社会保障についても、大切なことは国民の皆さんに安心感を与えることだと思います。限られた財源のなかで、国民の皆さんが豊かさを享受できる社会保障を目指していくことが重要であると考えております。

先ほども申し上げましたが、私は明日、安倍首相の親書を持って中国に参り、温家宝首相にお会いします。中国は一三億の民がいます。これは大変なことでして格差も広がっております。いずれにしても今後、日本と中国がアジアをリードしていく。東シナ海を平和の海としていく。そんなことを目指していく決意ですので、これからもご理解とご支援を賜りたいと思います。
どうもご清聴ありがとうございました。

あとがきにかえて

二〇〇五年（平成一七年）は、自由民主党が立党五〇年を迎えた年であり、総選挙で歴史的な大勝をした年です。ここにおいて自民党は、新しい時代には、新しい政治システム、新しい政策形成システムが必要であるという考えのもと、「シンクタンク2005・日本」を二〇〇六年三月に有限責任中間法人という法人格で設立しました。

「シンクタンク2005・日本」は、自民党と密接な関係を有しながらも、独立した組織として、これからの日本の「国のかたち」「国民の利益」等について政策適合性のある政策研究や政策提言を行ない、よりよい日本社会の構築に貢献していく所存です。

当法人は、独立した組織として活動を維持するべく、資金源の多元化にも注力しております。その一環として、多くの議員の強力なご支援とご協力を得て、収益事業として「日本政策アカデミー」事業を二〇〇六年九月より開始しました。その詳細は本書冒頭の「発刊によせて」に述べられておりますので省きますが、当法人の事業の成果が今般、本書のような形に結集できたことを、心よりうれしく感じております。またこれからも、一つ一つの活動の成果を、さまざまな形で世に問うていきたいと考えております。今後の当法人の活動にご期待いただくと共に、いろいろご支援、ご指導をいただきたくお願い申上げます。

最後に、「日本政策アカデミー」をはじめとする当法人の運営および活動にご尽力いただいております方々、特に、当アカデミー事業統括委員会委員長の杉浦正健衆議院議員や保岡興治衆議院議員をはじめとする事業に関わってくださっている議員の方々、以前の理事であった中川秀直自民党幹事長、若林正俊環境大臣、太田誠一衆議院議員、そして当アカデミーの事務局としてご協力をいただいている田村重信氏をはじめとする自民党本部のスタッフの方々に、衷心より御礼申し上げます。

二〇〇七年五月一〇日

「シンクタンク2005・日本」代表理事　樫谷隆夫

自民党《じみんとう》の底力《そこぢから》

日本政策アカデミー
「シンクタンク2005・日本」
非公開セミナー講演集

◉著者
小泉純一郎《こいずみじゅんいちろう》ほか

◉発行日
初版第1刷　2007年6月20日
初版第2刷　2007年7月10日

◉発行者
田中亮介

◉発行所
株式会社 成甲書房

郵便番号101-0051
東京都千代田区神田神保町1-42
振替00160-9-85784
電話 03(3295)1687
E-MAIL mail@seikoshobo.co.jp
URL http://www.seikoshobo.co.jp

◉印刷・製本
中央精版印刷 株式会社

Printed in Japan, 2007
ISBN978-4-88086-214-9